工程风险评估与管理

楼梦麟　宗　刚　编著

·上海·

内 容 简 介

本书作为同济大学土木工程专业(本科)工程防灾与风险评估课群组的教材。全书主要包括四部分内容——风险识别、风险估计、风险评价和风险应对,介绍工程风险评估与管理中相关基本概念、一般原理和常用方法方面的初步知识。

本书读者对象主要为本科学生,本书也可作为相关工程建设、工程咨询、工程保险、工程风险投资及政府工程管理等方面的技术人员和从业人员的入门参考书。

图书在版编目(CIP)数据

工程风险评估与管理 / 楼梦麟,宗刚编著. －上海:同济大学出版社,2023.3
　ISBN 978-7-5765-0785-0

Ⅰ. ①工… Ⅱ. ①楼… ②宗… Ⅲ. ①工程管理－风险管理 Ⅳ. ①F40

中国国家版本馆 CIP 数据核字(2023)第 018418 号

工程风险评估与管理

楼梦麟　宗　刚　编著

责任编辑　荆　华　　责任校对　徐春莲　　封面设计　张　微

出版发行	同济大学出版社　　www.tongjipress.com.cn
	(地址:上海市四平路 1239 号　邮编:200092　电话:021-65985622)
经　　销	全国各地新华书店
印　　刷	江苏凤凰数码印务有限公司
开　　本	710mm×960mm　1/16
印　　张	9
字　　数	180 000
版　　次	2023 年 3 月第 1 版
印　　次	2023 年 3 月第 1 次印刷
书　　号	ISBN 978-7-5765-0785-0
定　　价	48.00 元

本书若有印装质量问题,请向本社发行部调换　　版权所有　　侵权必究

前　言

中国是多灾害国家,随着经济和社会的发展,各类工程结构防灾及其在可能发生的灾害中的损失风险评估和保险对策等,已成为土木工程和保险行业中的重要问题,需要既懂土木工程防灾专业知识,又了解风险管理与保险专业知识的复合型人才。

经过百年沉积,同济大学的土木工程学科成为国内外著名的专业门类齐全、特色显著的优势学科。特别是在土木工程防灾研究领域,先后在国内最先建立了国际先进的振动台实验室和边界层风洞实验室以及火灾实验室,于1988年组建了土木工程防灾国家重点实验室,在国内外有相当高的知名度。

自2004年起在同济大学教务处的支持下,我们开展了本科教育的教学改革项目研究,充分利用我校土木工程防灾研究的学科优势,探讨在大土木工程本科专业平台上,如何建立一个新的课群组——与工程防灾相关的课群组,来培养以土木工程专业为基础的复合型人才,以适应土木工程防灾与工程风险管理及保险行业对新型人才的需求,拓宽土木工程专业毕业生的就业舞台。在各方的支持下,同济大学土木工程本科专业"工程防灾与风险评估"课群组于2008年正式进入教学实践阶段,这是继建筑工程、地下建筑工程、岩土工程、桥梁工程、道路工程和轨道交通工程之后,同济大学大土木工程本科专业平台上建立的第7个课群组,从而完善了在土木工程防灾领域的本科、硕士和博士完整人才培养体系。

在新制定的"工程防灾与风险评估"课群组培养方案的课程体系中,"工程风险评估与管理"成为课群组的特色主干课程之一,本书即为该课程所编写的教材。书中介绍工程风险评估与管理中的初步知识,包括相关基本概念、一般原理和常用方法等,主要内容包括风险分析、风险评价、风险对策和风险管理等方面。本书在编写过程中参考了许多学者的相关著作和有关规范,在此一并表示感谢。作为土木工程本科教学的初步探讨,本书难免有不妥和错误之处,欢迎批评指正,以便今后进一步改进和完善。

编者

2022年10月27日

目 录

前 言

第一章 绪 论 ··· 1
  第一节 风 险 ··· 1
    一、风险的定义 ·· 1
    二、风险产生的原因 ·· 2
    三、风险的特征 ·· 3
    四、风险有关的基本概念 ·· 3
    五、风险的分类 ·· 4
  第二节 工程项目风险 ··· 5
    一、工程项目风险的概念 ·· 5
    二、工程项目风险的特点和特征 ·· 6
    三、工程项目风险的分类 ·· 8
    四、工程项目风险成本 ·· 12
    五、工程项目风险和决策者 ··· 13
  第三节 工程项目风险管理概述 ·· 13
    一、工程项目风险管理的概念 ·· 13
    二、工程项目风险管理的目标与任务 ·· 14

第二章 风险识别 ·· 18
  第一节 工程风险分析 ··· 18
    一、工程风险分析的含义 ·· 18
    二、工程风险分析的方法 ·· 19
    三、工程风险分析的成本 ·· 19
    四、工程风险的分析重点 ·· 19
  第二节 工程项目风险识别概述 ·· 20
    一、风险识别的含义 ··· 20
    二、风险识别的特点 ··· 21

三、风险识别的基本原则 ……………………………………………… 21
 第三节　工程项目风险识别过程 ………………………………………… 22
　　一、收集数据或信息 …………………………………………………… 22
　　二、分析不确定性 ……………………………………………………… 23
　　三、确定风险事件和风险事件分类 …………………………………… 23
　　四、编制风险识别报告 ………………………………………………… 24
 第四节　工程项目风险识别的方法 ……………………………………… 25
　　一、检查表法 …………………………………………………………… 25
　　二、图解法 ……………………………………………………………… 28
　　三、专家调查法 ………………………………………………………… 29
　　四、分解分析法 ………………………………………………………… 31
 第五节　工程项目风险识别案例 ………………………………………… 33
　　一、工程风险种类 ……………………………………………………… 33
　　二、总体风险因素 ……………………………………………………… 33
　　三、风险环节 …………………………………………………………… 33
　　四、主要风险状态 ……………………………………………………… 34

第三章　风险估计 ……………………………………………………… 36
 第一节　风险估计概述 …………………………………………………… 36
　　一、风险估计的含义 …………………………………………………… 36
　　二、风险估计的主要内容 ……………………………………………… 36
　　三、工程风险估计的一般过程 ………………………………………… 37
 第二节　风险事件发生概率估计方法简介 ……………………………… 38
　　一、利用已有数据资料分析风险因素或风险事件的概率分布 ……… 38
　　二、利用理论概率分布确定风险因素或风险事件的概率 …………… 40
　　三、用主观概率分析风险事件发生的概率 …………………………… 41
　　四、综合推断法 ………………………………………………………… 43
 第三节　风险损失的估计 ………………………………………………… 45
　　一、工程项目风险损失的标的 ………………………………………… 45
　　二、进度(工期)损失的估计 …………………………………………… 45
　　三、费用损失的估计 …………………………………………………… 46
 第四节　风险估计的数学基础 …………………………………………… 48
　　一、风险估计的理论基础 ……………………………………………… 48

二、数据加工处理 …………………………………………… 49
　　三、常用的风险损失概率分布模型 ………………………… 53
第五节　分布类型的选择 ………………………………………… 60
　　一、直方图法 ………………………………………………… 60
　　二、概率图法 ………………………………………………… 61
第六节　参数估计与分布函数的检验 …………………………… 64
　　一、参数估计 ………………………………………………… 64
　　二、分布函数检验 …………………………………………… 65
第七节　风险估计方法 …………………………………………… 69
　　一、确定型风险估计 ………………………………………… 70
　　二、非确定性风险估计 ……………………………………… 73

第四章　风险评价 ……………………………………………… 78
第二节　工程项目风险评价概述 ………………………………… 78
　　一、风险评价的含义 ………………………………………… 78
　　二、风险评价的目的 ………………………………………… 78
　　三、风险评价基准 …………………………………………… 79
第二节　风险评价的定性方法 …………………………………… 80
　　一、主观评分法 ……………………………………………… 81
　　二、层次分析法 ……………………………………………… 82
第三节　风险评价的定量方法 …………………………………… 89
　　一、等风险图法 ……………………………………………… 89
　　二、模糊评价法 ……………………………………………… 91

第五章　风险应对 ……………………………………………… 94
第一节　工程项目风险应对概述 ………………………………… 94
　　一、风险应对的含义和依据 ………………………………… 94
　　二、项目风险应对计划 ……………………………………… 94
　　三、项目风险应对策略 ……………………………………… 95
第二节　工程项目风险应对策略 ………………………………… 96
　　一、风险规避 ………………………………………………… 96
　　二、风险转移 ………………………………………………… 98
　　三、风险缓解 ………………………………………………… 100

四、项目风险自留 …………………………………………………… 101
　　五、风险利用 ……………………………………………………… 102
　第三节　工程保险 …………………………………………………… 103
　　一、保险的基本特征和应用原则 …………………………………… 103
　　二、工程保险 ……………………………………………………… 104

第六章　风险监控 ……………………………………………………… 109
　第一节　工程项目风险监控概述 …………………………………… 109
　　一、工程项目风险监控的必要性 …………………………………… 109
　　二、工程项目风险监控时机 ………………………………………… 110
　　三、工程项目风险监控的依据 ……………………………………… 110
　　四、工程项目风险监控的内容 ……………………………………… 110
　第二节　工程项目风险监视方法 …………………………………… 111
　　一、工程项目进度风险监视方法 …………………………………… 111
　　二、工程项目技术性能或质量风险监测方法 ……………………… 114
　　三、工程项目费用风险监视方法 …………………………………… 115
　第三节　工程项目风险控制措施 …………………………………… 117
　　一、权变措施 ……………………………………………………… 117
　　二、纠正措施 ……………………………………………………… 118
　　三、项目变更申请 ………………………………………………… 118
　　四、风险应对计划更新 …………………………………………… 119

第七章　工程风险分析实例 …………………………………………… 120
　第一节　工业与民用建筑工程中建筑施工风险案例 ……………… 120
　第二节　某越江隧道工程风险分析实例 …………………………… 122
　　一、风险分析的基本内容 ………………………………………… 122
　　二、风险分析的步骤和方法 ……………………………………… 124
　　三、风险分析综合评价结论 ……………………………………… 125

附录一　中英文术语对照 ……………………………………………… 127
附录二　英中文术语对照 ……………………………………………… 131
参考文献 ………………………………………………………………… 135

第一章 绪 论

第一节 风 险

一、风险的定义

在经济建设、商业活动和日常生活中,由于人们认识客观事物能力的局限性以及各种信息本身的滞后性,导致风险成为一种普遍存在的现象,"天有不测风云"正是对风险普遍存在的一种真实的客观描述。同时,风险的存在与人们的自身利益紧密相关,风险可能会给人们带来灾难,也可能给人们带来机遇。风险的概念可以从经济学、管理学、保险学等不同角度去认识。

风险是一外来语,源于法文的 rispué,在 17 世纪中叶被引入英文,拼写成 risk。risk 最早出现在保险交易中。

最早提出风险定义的是美国学者威特雷,其提出的风险概念包含三个层次:第一,风险是客观存在的;第二,风险的本质和核心具有不确定性;第三,风险事件是人们主观所不愿发生的。

20 世纪 20 年代,美国经济学家奈特提出风险是一种可测的不确定性,认为不论是当前的风险还是未来的风险,都存在一定的统计规律,风险事件的不确定性可以用概率或可能性大小来表示。这一观点为现代保险学的研究奠定了理论基础。1964 年,美国学者威廉姆斯和汉斯进一步将人的主观因素引入风险分析,认为虽然风险本身是客观的,对任何人都以同样的状态存在,但不确定性是通过风险分析者采用一定的方法估计出来的,这样一来其中就加入了风险分析者的主观因素。

20 世纪 80 年代初,日本学者武井勋在吸收前人研究成果的基础上对风险概念作了新的表述,认为风险是在特定环境和特定期间内自然存在的导致经济损失的变化。

总之,人们在对风险进行理解和定义时,通常包含两方面的要素:第一,风险是一种不确定性事件,是活动或事件发生的潜在可能性。这是从概率的观点对风险进行定义,不确定性程度越大,则风险发生的不确定性也越大,对于不确定性程度可以用概率的大小来描述。当概率在 0%~50% 之间时,随着概率的增大,不确定性程度越大,当概率达到 50% 时,不确定性程度最大;当概率在 50%~100% 之间时,随着概率的增大,不确定性程度又变小;在概率为 0 或 100%时,风险事件或者发生或者不发生,成为一个确定性事件。第二,风险是一种不良的消极后果,是预期与实际之间的差距。差距越大,说明可能产生的不良后果就越严重,同时也说明风险越大,对这种不利后果不但要提高警惕,还要制定防范和处理方案。风险度可以作为各种结果差异给风险承担者带来的损失程度的衡量标准。

二、风险产生的原因

风险是活动或事件发生并产生不良后果的可能性,显然主要是由不确定活动或事件造成的。而活动或事件的确定或不确定是由信息的完备与否决定的,即风险是由于人们无法充分认识客观事物及其未来的发展变化而引起的。因此,从理论上讲,风险的这种信息的不完备性可以通过各种努力去不断完备,却无法通过主观努力达到完备。这主要基于下列两方面原因。

1. 人们认识客观事物的能力有局限性

随着科学技术的发展,人们认识世界的能力在不断提高。然而,世界上的任何事物均有其属性,对这些属性,人们首先是用各种数据或信息来描述;其次是通过对这些数据的分析处理,去了解和认识事物,并预测事物未来的发展和变化。但由于人们认识事物在深度和广度上有局限性,这种描述和分析处理能力均是有限的。工程项目可视为客观事物的集合体,因此,人们对工程项目的认识不可避免地存在信息上的不完备的问题,从而造成人们对工程项目建设的环境缺乏客观认识,对工程项目的实施过程缺乏符合实际的预见,这是导致工程项目出现风险的重要原因。如,对工程地基,人们常是通过局部的勘探,就将其获得的资料数据作为设计的依据。这是工程设计中的信息不完备的一个典型例子。当然,事实上也只能这样做,因为由于条件的限制,无法使信息完备,或者得到完备信息的代价太高,不可能实现。因此,在地质情况较复杂的地方,工程项目建设在地基处理方面就有较大的风险。又如,在重大工程抗震设计中,需要确定在工程场地的地震动参数,人们经常是用历史上工程场地邻近地区的历史地震资料去预测未来的地震发生的可能性,从理论上讲,这总是存在着风险。因为客观世界不断发展变化,地震历史系列资料再长,也不可能精确预测未来某一年的地震发生情况。

2. 信息本身具有滞后性

从信息科学理论出发,信息的不完备性是绝对的,而完备性是相对的。这主要在于信息具有滞后性。因为,人们对客观事物的属性是用数据和信息去描述的,而这种描述仅当事物发生或形成之后才能进行,况且做这种客观的描述也需要时间才能完成。因此,这种数据或信息的形成总是滞后于事物的形成或发展的,这样就导致了信息出现滞后的现象。从这个意义上说,完全确定的事物是不存在的,对于工程项目更是如此。信息滞后性是造成信息不完备的重要原因之一。

三、风险的特征

1. 客观性

风险的存在取决于风险的各种因素的存在,它是不以人们主观意志为转移的客观存在。只要决定风险的各种要素出现了,风险就会出现,因此要减少和规避风险,一方面必须及时发现可能导致风险的因素并进行有效管理;另一方面应明确许多因素本身具有不确定性,因此完全消除风险是不可能的,必须承认风险、认识风险,采用相应的管理措施,以降低或化解风险。

2. 突发性

风险的发生通常给人一种突发的感觉。人们对于突发事件往往表现出不知所措,从而加剧了风险的破坏性,因此我们应加强风险的预警和防范研究,建立风险预警系统,完善风险管理系统。

3. 多变性

风险的多变性指风险会受到各种因素的影响,在风险性质、破坏程度等方面呈现出动态变化的特征,因此要求风险管理本身应具有实时动态、柔性多变的特性。

4. 无形性

风险无法像一般的物质实体那样,可以非常确切地描绘和刻画出来。因此,在分析风险时,应运用系统理论、概率、弹性、模糊等概念和方法进行辨识或估计,从定性和定量两个方面进行综合分析。

四、风险的基本概念

在认知风险的过程中,除涉及风险的定义和一般概念外,还应明确以下几个基本概念,即风险因素、风险事件、损失以及损失机会。

1. 风险因素

风险因素指能产生或增加损失概率和损失程度的条件或因素,是导致事故发生的潜在原因,是造成损失的直接或间接原因。一般风险因素可以归纳为以下几类:

(1) 客观因素。指有形的且能直接导致事故发生或影响某事物的客观存在,如建筑物的材料缺陷、建筑施工技术缺陷等会直接影响建筑物质量;再如路面状况差、汽车的发动机质量不佳等也会直接影响汽车的安全使用。

(2) 道德因素。是一种无形因素,与人的品德修养有关,如建设工程承包者偷工减料、人为欺诈等。

（3）心理因素。为无形因素，如财产投保后便不注意对损失的防范等，与人的心理状态有关。

2. 风险事件

即风险事故，指造成生命财产损失的偶发事件，是直接或间接造成损失的事故，如失火、电击、地震、抢劫等。在此应注意区分风险事件与风险因素，例如，某建筑施工过程中，地下基坑开挖后的回填土施工过程不当，造成建成的房屋部分墙体严重开裂影响安全，其中"回填土施工不当"即为风险因素，而"墙体开裂影响安全"为风险事件。

3. 损失

损失是指非正常、非预期和非计划的经济价值的减少。在此应注意，只有同时满足"非预期"和"经济价值减少"两个条件时，才能称其为损失。例如，固定资产的折旧，虽然也体现出了经济价值的减少，但它是有计划和可预期的，因此不满足损失的构成条件，不能称其为损失。损失一般可以分为直接损失和间接损失两种。直接损失可以理解为实质性的损失，间接损失则包括额外费用损失、收入损失和责任损失三种。例如，某已经投入运营的公路出现部分路段塌陷事故，则由于塌陷而造成的公路设施及车辆等的损毁就属于直接损失，而用于修复或设备重置等支出的费用属于间接损失中的额外费用损失，由于道路中断而导致途经该路段的正常商业活动中断属于间接损失中的收入损失。

4. 损失机会

损失机会是指损失出现的概率，分为客观概率和主观概率两种。客观概率指某事件在长时期内发生的频率，可以采用一般的概率统计方法确定；主观概率是指个人对某事件发生可能性的估计，受估计者个人的受教育程度、专业知识水平、实践经验、社会经验等多种因素共同影响，主观性较大，必要时可采用多专家测评，综合考虑多个专家的估计测评结果。

风险因素、风险事件、损失三者之间的关系构成了风险，这一作用关系可由图1-1表示，该图是亨利希（H. W. Heinrich）著名的骨牌理论示意图。

五、风险的分类

风险可以从不同的角度进行分类，选用哪一种分类方法应视风险分析目标及具体的项目内容而定，以不同角度分类的各种风险种类可以归纳为图1-2。

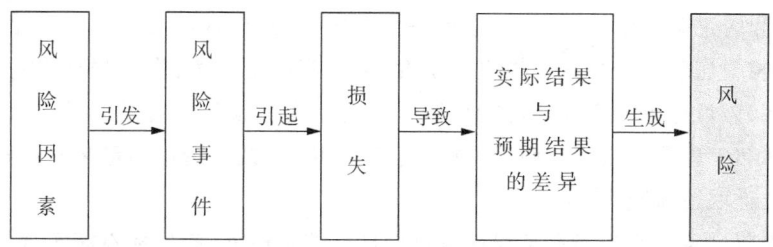

图1-1 风险因素、风险事件、损失与风险之间的关系

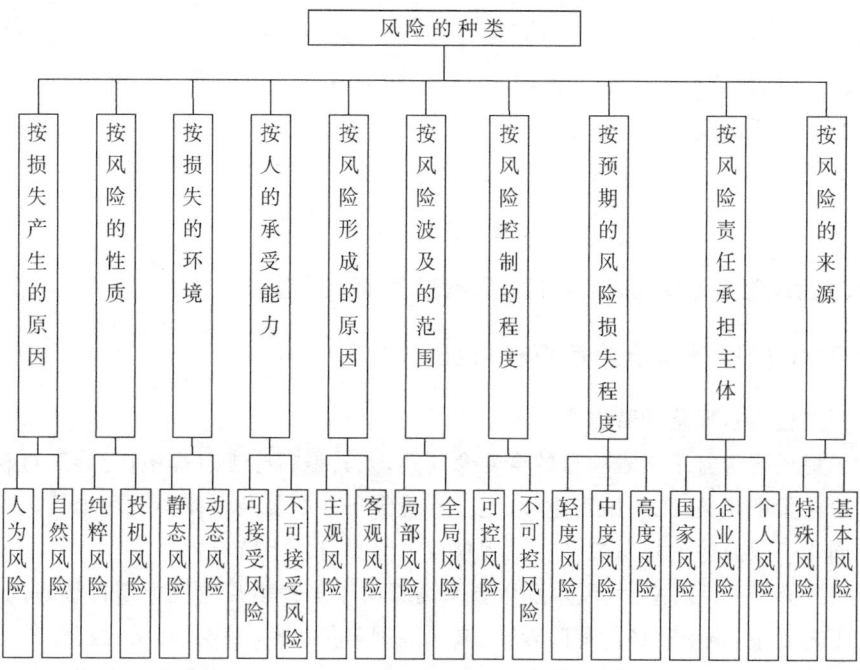

图1-2 风险的种类

第二节 工程项目风险

一、工程项目风险的概念

在工程建设中,常常存在对工程造成经济损失、人员伤亡、环境影响、工期延误或耐久性降低等的不利事件或不确定性(简称事故)。这些事故发生的可能性及其不利后果或影响就是工程项目所面临的风险。由于工程项目的施工周期较长、施工过程和施工工艺复杂、工程设备及工程材料繁多、工程所处的自然环境和社会环境复杂等,因此工程项目的风险是普遍存在的。工程项目风险是指工程项目在设

计、施工和竣工验收以及运行、使用等各个阶段,可能出现的与工程预期结果相背离,并使相关当事人蒙受经济损失的情况,可以将其定义为:在工程项目目标规定的条件下,该目标不能实现的可能性以及由此产生的损失。可以通过引入工程项目风险率和工程项目风险量两个指标来将其量化,这两个指标的定义分别如下:

1. 工程项目风险率

工程项目风险率是指在工程项目目标规定的条件下,该目标不能实现的概率,用 P_r 表示:

$$P_r = P\{X \mid X < X_0\} \tag{1-1}$$

式中,X 为随机变量,X_0 为工程项目目标的预期值。

2. 工程项目风险量

工程项目风险量是衡量工程项目风险大小的一个参数,可将其定义为

$$R = f(P_r, q) \tag{1-2}$$

式中,q 为风险事件发生后对项目的影响程度,即损失值。

二、工程项目风险的特点和特征

1. 工程项目风险的特点

工程风险附着于工程项目的全寿命周期,尤其是在施工过程中,与施工过程的各个阶段紧密相关,工程施工流程、施工环境等条件的复杂性使得工程项目风险具有不同于一般风险的特殊属性。工程项目风险具有以下特点:

(1) 工程项目风险大、风险发生频率高。由于工程项目建设周期持续时间长,施工工艺复杂,施工现场的危险众多,其风险因素是政治、社会、经济、自然、技术等多种因素相互交织而构成的,因而导致工程项目风险大,风险发生频率高。在一些工程项目,尤其是大型工程的施工过程中,人为原因和自然原因造成的工程事故频发。施工期内经常会出现建筑工人意外伤亡、设备损毁、施工组织设计不当或现场管理差等导致的工程缺陷。此外,地震、风暴、洪水及其他地质灾害引发的工程项目风险事故也时有发生。

(2) 工程项目风险管理对工程方面的专业知识要求较高。工程项目风险的识别,首先需要识别者具备较高的专业知识;风险的估计和评价更需要工程专业知识才能比较准确地估计风险发生概率的大小以及风险可能给风险承担者造成的损失量。例如,要对土木工程项目施工过程中的土方分项工程存在的各种风险进行识别,必须具有相应的工程地质、基础工程、结构工程、机械工程等多方面的专业知识。

(3) 工程项目风险的承担者具有综合性。一般来说,参与工程建设的各方均有风险,只是各方的风险大小不同。在一个工程项目的风险事件发生并给工程项目整体造成损失后,应按照谁造成损失谁负责的原则由责任方承担这部分风险损失。但由于工程项目,尤其是大型项目,其某一分项或分部工程的施工过程往往要涉及众多的责任方参与,风险事件的责任可能涉及业主、承包商、分包商、设计方、材料设备供应商等许多方面,因此一旦风险发生,则风险损失的承担者也是多方面的。

2. 工程项目风险的特征

(1) 工程项目风险具有客观性和必然性。无论是自然界的地震、风暴、洪灾和地质灾害,还是现实社会生活中的矛盾、冲突,甚至战争及一些重大的意外事故,都是不以人的意志为转移的客观存在。随着人们认识世界水平的提高和对风险事件的长期观察,人们对风险规律性的认识在不断提高,这为科学管理工程项目风险创造了条件。

(2) 工程项目风险具有不确定性。风险活动或事件的发生及其后果都有不确定性,表现在:风险事件是否发生、何时发生、发生之后会造成什么后果等均是不确定的。但人们可以根据历史数据和经验,对工程项目发生的可能性和损失的严重程度作出一定程度上的分析和预测。

(3) 工程项目风险具有可变性。在一定条件下任何事物总是会发展变化的,风险活动和事件也不例外,当引起风险的因素发生变化时,必然会导致风险性质的变化。

风险的可变性集中表现在:①风险性质的变化;②风险后果的变化;③风险因素的消长,新风险因素的出现或已有风险因素的消除。

(4) 工程项目风险具有相对性。

① 风险主体是相对的:风险总是相对于事件的主体而言的,同样的不确定事件对不同的主体有不同的影响。如工程合同的某些缺陷,可能为承包人索赔创造了条件,这对工程项目业主而言是一种风险,但对承包人是一个机会。

② 风险大小是相对的:人们对风险活动或事件都有一定的承受能力,但这种能力因活动、人和时间的不同而异。如某一房产开发项目遇到了销路不畅的风险,对于具有多个房地产项目的大公司而言,可能还有几个做得较成功的项目,因此无关紧要;但对仅有1~2个项目的小公司来说,则可能导致其破产。

(5) 工程项目风险具有阶段性。风险的阶段性是指风险的发展是分阶段的,通常认为包括三个阶段。

① 潜在风险阶段:是指风险正在酝酿之中,但尚未发生的阶段。该阶段是没

有损失的。但潜在风险可以逐步发展变化,最终进入风险发生阶段。

② 风险发生阶段:是指风险已变成现实,事件正在发展的阶段。此时风险正在发生,但其后果还没有形成,如不正确应对,风险就会造成后果。一般认为这一阶段持续时间较短。

③ 造成后果阶段:是指已经造成了人身、财产或其他损失或伤害的阶段。通常这一后果的产生是无法挽回的,只能设法减轻损失或伤害的程度。

三、工程项目风险的分类

(一)常见风险分类

为方便研究和风险管理,人们经常对社会生产和生活中遇见的风险进行分类。从不同角度或根据不同标准,可将风险分成不同类型,如表1-1所示。

表1-1　　　　　　　　　一般风险分类

分类方法或依据	风险类型	特点
按风险性质分类	纯粹风险	只会造成损失,而不会带来机会或收益
	投机风险	可能带来机会,获得利益;但又可能隐含威胁、造成损失
按风险来源分类	基本风险	由于自然力的作用,造成财产毁损或人员伤亡
	特殊风险	由于人的活动而带来的风险是人为风险,可以分为行为风险、经济风险、技术风险、政治风险和组织风险等
按风险事件主体的承受能力分类	可接受风险	低于一定限度的风险
	不可接受风险	超过所能承担的最大损失和目标偏差巨大的风险
按风险对象分类	财产风险	财产所遭受的损害、破坏或贬值的风险
	人身风险	疾病、伤残、死亡所引起的风险
	责任风险	法人或自然人的行为违背了法律、合同或道义上的规定,给他人造成财产损失或人身伤害
按技术因素对风险影响分类	技术风险	由于技术原因形成的风险,属人为风险
	非技术风险	非技术原因而引起的风险

(二)工程项目风险分类

工程项目按照其风险产生的原因及性质,可分为项目外风险和项目内风险两大类。

1. 工程项目外风险

工程项目外风险是由工程项目建设环境的不确定性而引起的风险,包括:

(1) 政治风险。由工程项目所在地的政治背景变化可能带来的风险。例如,稳定的政治环境对工程建设产生有利影响,反之则会加大工程建设项目的风险;政府主管调控部门对项目的指挥不当、工程建设法律法规不合理或发生变化等都会增大工程建设项目的风险。又如,国家间的关系发生变化会给国际工程项目带来风险。

(2) 经济风险。由国家或社会一些大的经济因素的变化带来的风险,如国家的整体经济不景气、通货膨胀、经济危机、融资条件恶化以及工程施工现场的不利条件等都是加大工程项目风险的因素。

(3) 自然风险。由自然因素带来的风险,这些因素可能包括:严寒、高温、地震、洪水、暴雨、泥石流、海啸等。

2. 工程项目内风险

工程项目内风险是由工程项目本身各组成要素的不确定性引起的风险,包括:

(1) 技术风险。指由一些技术条件的不确定性而引起可能的损失或工程项目目标不能实现的可能性。主要表现在工程方案选择、工程设计、工程施工等过程中,在技术标准的选择、分析计算模型的采用、安全系数的确定等问题上出现偏差而形成的风险。引起技术风险的因素可分为可行性研究、设计、施工等方面,而引起技术风险的事件很多,例如:基础数据不完整、不可靠;分析模型不合理;设计内容不全,设计存在缺陷、错误和遗漏,标准选择不当;施工工艺落后;施工技术和方案不合理,施工安全措施不当;工艺流程不合理,等等。

(2) 施工组织管理风险。指项目实施过程中在计划、组织、管理、协调等方面的不确定性引起的风险。例如:缺乏项目管理能力、施工组织设计不当、缺乏项目管理协调等;管理不当造成工期滞后、劳动力生产率低下、材料供应跟不上、机械设备经常发生故障、资金短缺等。

(3) 商务风险。指由合同条款中有关经济方面的条款及规定带来的风险,如支付、工程变更、风险分配、担保、违约责任、货币及汇率等方面的条款。

(三) 工程项目建设各方的风险

工程项目风险按工程项目参与者分类可以分为业主/项目法人的风险、承包商的风险和专业咨询人员的风险三种类型。

1. 业主/项目法人的风险

业主是工程项目建设资金的支付方,因此业主是风险造成的经济损失的主要承担者之一,常见的风险如下:

(1) 项目决策风险。业主在工程项目实施过程中,需要进行各类项目决策,包括:工程项目方案的选择;工程人员、监理人员、施工承包人员的选择;工程材料和设备供应商的选择等。这些项目的决策问题中均不同程度地存在风险。

(2)组织管理实施风险。主要包括:技术风险、管理失误风险、经济风险、组织风险等。如由于缺乏经验和常识,所签订的合同对承包商的约束力不够,或因施工现场组织督导不力而出现管理混乱、工程质量事故和安全事故等。

(3)政治风险。如政府产业政策的变化,政府行政性指导过多,社会发生动荡等。

(4)自然风险。指不可抗力原因造成的风险事件,如各种自然灾害。

2.承包商的风险

工程承包同任何商业活动一样,风险和利润总是潜在并存的。承包商是业主的合作者,但在各自的经济利益上又是相互对立的,因此双方对自身利益追求的同时,都可能给对方造成风险。承包商的风险主要表现在:

1)投标决策阶段风险

投标决策阶段的工作内容主要包括决定是否进入市场,是否对项目进行投标;当对某项目进行投标时,决定投什么性质的标;同时还应决定采取何种策略中标等。在这一系列的工作中,都潜伏着各种风险,主要包括以下方面:

(1)信息取舍失误或信息失真的风险。一方面指获得的是虚假的投标信息,另一方面指对工程项目的资料掌握不全、不准确,由于信息的失真而出现的经济损失的不确定性即是信息缺失风险。

(2)中介与代理给承包商带来的风险。承包商在委托中介机构开展业务的同时,必然要面对中介机构为自身利益而以虚假信息促成交易,从而给交易双方带来很大的风险。这主要表现在:一是中介机构业务水平较低,无法承担承包商的委托代理工作,从而导致承包商无法中标;二是代理人为谋自身利益,不择手段,与业主串通,使承包商蒙受损失;三是同时给多家代理,从而制造虚假的市场激励竞争气氛,损害承包商的利益。

(3)投标的风险。任何一个项目,最终其项目的承建者都不可能是全部投标者,因此如果承包商投标未中,或者在此之前为投标所做的前期工作的费用支付无法得到补偿,则造成投标的风险。

(4)报价失误的风险。报价失误风险包括低价中标风险与高价中标风险。低价中标风险是指低价中标寄希望于高价索赔,从而往往是低价中标成功,但在项目实施过程中难以通过索赔达到预期收益。高价中标一方面倚仗优厚的技术力量或良好的市场口碑,但由于价格过高,未能中标;另一方面,倚仗其他优势盲目乐观,或对市场定位不准确,从而由于报价过高而落标。

2) 签约和履约阶段的风险

(1) 合同条款的风险。合同确立后就具有法律效力,各方应依照合同条款履行自己的权利和义务。但如果条款的定义和用词不准确、不清楚,则在实施过程中就有可能发生不测或争议。

(2) 工程管理的风险。任何一个项目都有其自身的特点,因此没有哪一个施工项目在管理上是毫无风险的。例如,大型复杂的工程项目,参与实施的分包单位多,相互协调的工作难度大,从而在相互协作方面可能会产生风险;项目管理的其他方间的配合(如业主、监理、设计)不好也会给项目实施带来风险。

(3) 合同管理的风险。合同管理是承包商获利的重要途径,主要是利用合同条款保护自己的合法利益,扩大收益。因此承包商要具有广博的知识面和娴熟的操作技巧,要善于利用合同条款保护自己的利益,如利用合同条款提出索赔。

(4) 物资供应的风险。材料、机械、构件、器具等供应商的供货情况会直接影响工程的质量和进度,特别是工程材料给工程带来的风险最大。

(5) 成本管理的风险。施工项目成本管理是承包项目获得理想的经济效益的重要保证。成本管理包括成本预测、成本计划、成本控制和成本核算等,每一个环节的操作不当都可能给整个项目的成本管理带来风险。

(6) 业主方履行合同能力的风险。业主有可能为了追求自身利益最大化或本身由于项目实施过程中经营不善等情况,不严格履行合同,从而使承包商的利益遭受损失。

(7) 分包和转包的风险。大型工程项目的建设过程中,由于施工规模大,施工技术复杂,合理地进行分包和转包可以降低总承包商的风险,但如果分包或转包单位的水平低、管理差,造成工程质量不合格,而分包或转包单位又无力承担损失,则总包商就必须对业主负责,从而承担了分包或转包的风险责任。

(8) 不可抗力造成的风险。是指酷暑、严寒、洪水、地震等人力不可抗拒的自然灾害导致的风险。

3) 工程验收与交付阶段的风险

(1) 竣工验收的风险。施工方应在这一阶段对各分项、分部工程进行技术资料的整理,同时还应整理各阶段施工的质量问题与处理结论,并逐一检查落实,制定全面的整改计划,以保证竣工验收的顺利通过。如果整改计划不及时或未落实,则竣工验收可能无法通过,必定对承包商造成风险。

(2) 竣工验收资料管理的风险。由于施工企业未按有关资料管理的规定去做,或业主与承包商签订合同时,未对施工技术资料的编制责任和移交期限等事项作出全面、完整、明确的规定,从而造成竣工资料不全,不符合工程竣工验收规定,影响竣工验收,给承包商带来经济损失。

4）债权和债务处理的风险

承包商对债权的处理,在竣工验收前提前作出工程结算资金积累,对业主有意拖欠工程款项等事件发生时,可以通过法律手段予以解决。对于债务,则应尽可能结清款项,否则会增加利息或罚金的支付。

3.专业咨询人员的风险

专业咨询人员主要指咨询、设计、监理等人员,其风险主要源于以下三个方面：

（1）来自业主/项目法人方的风险。其他专业技术人员受业主委托,为业主提供技术服务,在技术服务合同中一般会规定其应承担的责任,因此也承担了整个项目的风险。而来自业主方的风险主要有：业主希望自身利益最大化,不按客观实际情况办事,造成工作质量不合格；业主在上马某项目后才进行项目的可行性研究咨询,缺乏客观性；业主投资不足,导致后期建设咨询工作成为无米之炊；业主对监理等工作盲目干预等。

（2）来自承包人的风险。主要表现在：承包人不诚信,一旦中标后,在施工过程中经常进行工程变更,频繁进行施工索赔；承包人缺乏职业道德,自身缺乏自检机制,并经常对监理或咨询人员的检验提出通融请求；承包人个人素质差,没有履约的诚意或弄虚作假,对工程质量不负责等。

（3）职业责任风险。主要包括：设计方的设计内容不充分或不完善甚至有设计错误；投资估算和设计概算不准；自身的技术业务水平太低,不能胜任。

四、工程项目风险成本

工程项目风险成本是指风险事件引起的损失或减少的收益以及为防止风险事故发生而采取措施所支付的费用,包括有形成本、无形成本和风险管理所需的费用三部分。

1.风险的有形成本

工程项目风险有形成本是指风险事件造成的直接或间接损失,如现场财产的损毁、人员伤亡或由于现场事物的损坏造成项目实际收益减少等。

2.风险的无形成本

风险的无形成本也称为隐形成本,它是指风险事件发生前后,使风险主体付出的代价,具体表现为：

（1）减少了获利的机会；

（2）阻碍了生产率的提高；

（3）引发资源配置不合理；

（4）影响了人的积极性或引起了恐慌心理。

3. 风险管理费用

工程项目风险管理费用主要用于工程项目风险识别、风险分析、风险预防和风险控制等活动的支出。如向专业人员咨询、向保险公司投保、对有关当事人员进行风险防范的教育培训等。

五、工程项目风险和决策者

不论工程项目的业主/项目法人还是承包人，在工程项目的活动中，其试图获得利润或赢得发展的机会时，或在选择工程项目的优化方案时，某种项目风险可能在悄悄地向他走来，即，工程项目决策总伴随着风险。因此，在确定工程设计方案、选择工程结构安全系数、选择投标项目、做投标报价、决定施工方案和工程措施、制定工程进度计划、选择工程质量标准等的过程中，项目决策者必须对下列问题进行认真思索，并做出回答。

(1) 有风险吗？

(2) 能得到什么？而又可能会失去什么？

(3) 成功和失败的机会各是多少？

(4) 若结果不满意，如何处理？

(5) 潜在回报能超过风险的后果吗？

同时项目决策者对下列问题也要作出分析。

(1) 潜在损失发生的频率；

(2) 损失的严重性；

(3) 有效信息的数量和可信度；

(4) 风险管理的难易程度等。

第三节　工程项目风险管理概述

一、工程项目风险管理的概念

工程项目风险管理就是项目管理班子通过风险识别、风险评价、风险对策及多种管理方法、技术和手段对项目活动涉及的风险实行有效的控制、应对，并采取主动行为，创造条件尽量扩大风险事件的有利结果，妥善处理风险事故造成的不利后果，以最少的成本保证安全、可靠地实现工程项目的总目标。

由于项目的风险因素纷繁复杂，风险来源、风险形成、风险潜在的破坏机制、风险的影响范围和强度等相互交错,因此单一的技术和学科是无法完成风险管理过程的。工程项目风险管理是一种综合性的管理活动,必须综合运用多种方法、手段和措施,涉及自然科学、社会科学、工程技术、系统科学、管理科学、经济学等多种学科。项目风险管理要求风险管理班子在认识和处理性质各异的多种风险时,应统观全局,抓住主要矛盾,创造条件,因势利导,尽可能地将不利转化为有利,将威胁转化为机会。

二、工程项目风险管理的目标与任务

1. 工程项目风险管理的目标

只有目标明确,管理活动才能起到有效的作用。否则,风险管理只是流于表面形式,并无实际价值。风险管理目标的确定一般应达到以下几个基本要求:

(1) 风险管理目标与风险管理主体(如建设工程的业主/法人代表)的总体目标应一致;

(2) 目标应具有客观现实性,保证目标是能够被实现的;

(3) 目标应明确,以便于正确选择和实施各种方案,并对其效果进行客观的评价;

(4) 目标应主次分明,具有层次性。

以建设工程项目为例,风险管理的目标可以按如下方面考虑:第一,使所有潜在的损失最小;第二,减少无形损失,如防止生产效率低下;第三,应承担社会和政治所要求的附加义务或责任;第四,应保证建设工程实施的正常进行。

2. 工程项目风险管理的任务

风险管理必须落实到人,必须具体规定负责人的责任范围。工程项目中负责风险管理的人员的任务一般是:

(1) 确定和评价风险;

(2) 制订风险对策;

(3) 采取预先保护措施;

(4) 管理索赔、合同变更等事务;

(5) 负责保险的预测估计及风险管理预算;

(6) 监督和控制风险目标的实施,及时应对风险事件与风险损失。

3. 工程项目风险管理的主要内容

风险的识别、估计、评价、应对、监控是工程项目风险管理的重要内容。

(1) 风险识别

风险识别是风险管理的第一步,它是对工程项目所面临的和潜在的风险加以分析、判断、归类的过程,必要时还要对风险事件产生的后果作出定性的估计。

(2) 风险估计

风险估计是在风险识别的基础上,通过对大量资料的分析,并凭借分析人员自身的经验和知识,运用数学方法(如概率统计理论),估计和预测风险产生的可能性和相应损失的大小。风险估计是对风险的定量化描述,可为风险管理者进行风险决策提供可靠的依据。

(3) 风险评价

风险评价是将工程项目风险事件的发生可能性和损失后果等相关因素进行定量化分析,得到描述风险的综合指标——风险量,并与公认的风险指标相比较,给出是否采取控制措施的结论。风险评价是识别项目风险与合理地作出风险对策规划之间的桥梁纽带。

(4) 风险应对

风险应对包括风险对策规划和风险控制的实施两个方面。风险对策主要有两方面内容:第一,决策者针对项目面对的风险形势选定行动方案,同时制定执行这一方案的具体计划;第二,选择适合于已选定行动路线的风险对策,并选定监督风险对策的措施。一般而言,风险管理中所运用的对策有以下四种:风险回避、损失控制、风险自留和风险转移。这些风险对策的适用对象各不相同,需要根据风险评价的结果,对不同的风险事件选择最适宜的风险对策,并形成最佳的风险对策组合。风险控制就是实施风险对策的行动,其关键在于科学、果断。

(5) 风险监控

风险监控是跟踪已识别的风险,监视残余风险和识别新的风险,从而保证计划执行,并评估这些计划对降低风险的有效性。风险监控是十分必要的工作内容,如果发现已作出的决策是错误的,则必须尽早承认,以便采取纠正行动,防止造成更大的损失。

4. 工程项目风险管理的一般程序

针对工程项目风险管理的各项工作内容,可以遵循图 1-3 的流程来实施风险管理。

5. 工程项目风险管理的作用

作为工程项目管理的重要一环,项目风险管理对保证项目实施的成功具有重要的作用和意义,对于项目组织具有重要的现实指导意义。其作用主要体现在以下几个方面:

(1) 项目风险管理能促进项目实施决策的科学化、合理化,降低决策的风险水平。项目风险管理利用科学的、系统的方法,管理和处置各种项目风险,有利于该

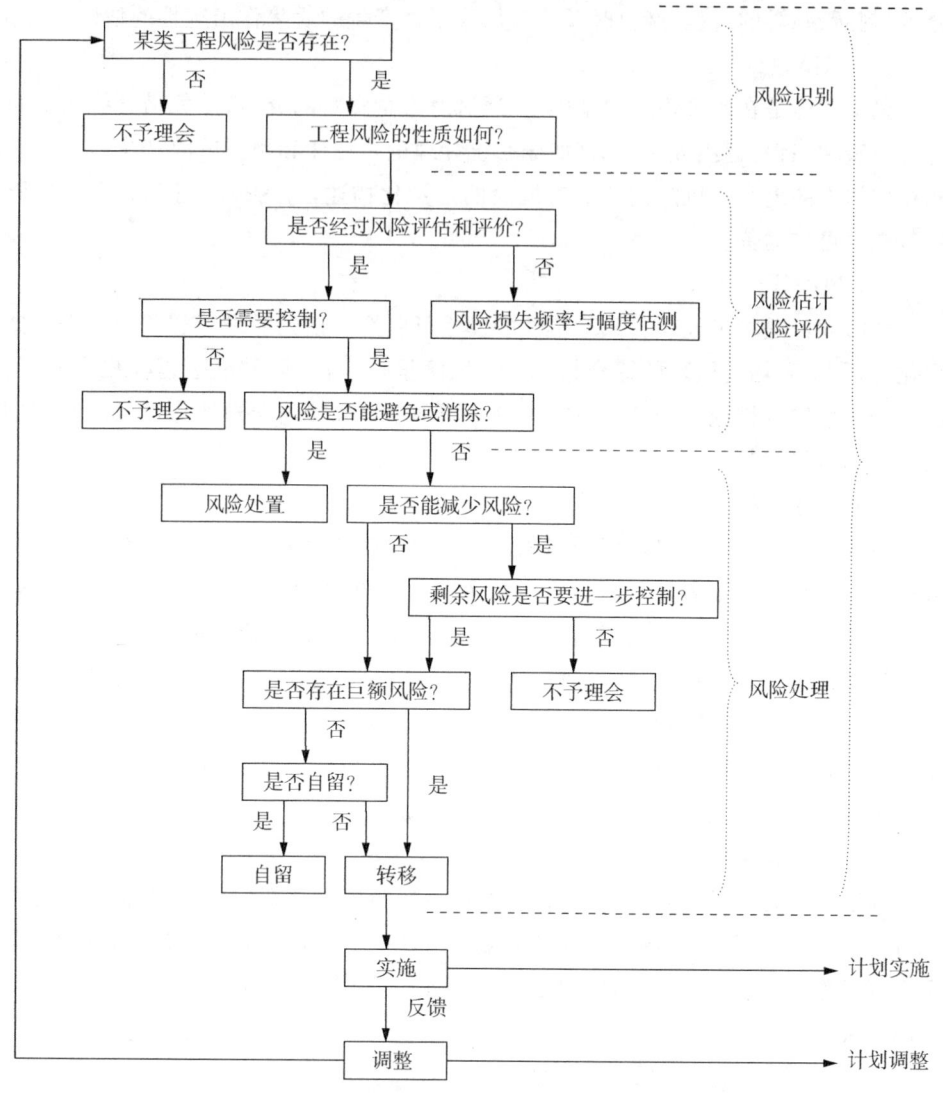

图 1-3 风险管理流程

项目的组织减少或消除各种经济风险、技术风险、决策失误风险等,对项目科学决策、正常经营具有重大意义。

(2) 项目风险管理能为项目组织提供安全的经营环境,使项目实施者能全身心地投入各种项目活动,保证项目的稳定发展。

(3) 项目风险管理能保障项目组织经营目标的顺利实现。风险管理的实施可以使项目组织所面临的风险降到最低,并能在损失发生后得到及时补偿,从而促使项目组织增加收入和减少支出,保障项目组织目标的实现。

(4) 项目风险管理能促进项目组织经营效益的提高。项目风险管理是一种以最小成本达到最大安全保障的管理方法,它将有关处置风险管理的各种费用合理地分摊到工程项目实施的各个环节中去,减少费用支出。同时,项目风险管理的各种监督措施也要求各职能部门提高管理效率,减少风险损失,促进项目整体经济效益的提高。

第二章 风险识别

工程项目风险管理过程中，风险识别是第一步也是非常重要的一步。必须弄清楚一个项目存在哪些风险，这些风险都具备哪些属性和特性，才能进一步对其进行估计和评价。风险识别应做到全面和有效两个目标，即应尽可能地将项目存在的风险全面包罗，同时又应突出主要问题。

第一节 工程风险分析

一、工程风险分析的含义

工程风险分析是工程风险管理的重要工作内容，是指识别和估计工程中潜在的风险，并且对工程风险的结果进行评价，为工程风险管理计划的制定和实施提供依据，包括风险识别、风险估计和风险评价三个方面。

风险识别是风险分析的第一步，其目的是减少项目的结果不确定性。风险识别首先要弄清项目的组成、各变数的性质和相互间的关系、项目与环境的关系等，在此基础上利用系统的、正确的步骤和方法查明致使项目可能存在风险的诸种因素。以某办公楼建设项目为例，首先从房屋建筑结构工程施工的经验出发，标的工程容易出现墙体裂缝、整体倾斜、地基严重沉降等风险事件。墙体裂缝的产生原因一般是由于柱基的沉降差过大，墙体砌筑质量控制不到位等；整体倾斜产生一般是由于地基不均匀沉降所致。因此在对该项目进行风险识别时，就应该针对这些可能原因分析相应的风险事件。

风险估计是估计风险的性质，估算风险事件发生的概率及后果的大小，从而减少项目的计量不确定性。风险估计时应做到：确定项目各变数的数值和计量这些变数的标度；查明项目进行过程中各种事件的可能后果以及它们之间的因果关系；根据选定的计量标度确定风险后果的大小。

风险评价是对各风险事件的后果进行评价，并确定其严重程度的排序。在风险评价过程中，管理人员要详细研究决策者决策的各种可能后果，并将决策者做出的决策同自己单独预测的后果相比较，判断这些预测的后果能否被决策者接受。

实际的风险分析并不是风险识别、风险估计和风险评价三项简单的工作，这三方面的内容往往是相互重叠、反复交替进行的。

二、工程风险分析的方法

工程风险分析是具体分析与一般分析相结合、实证分析与规范分析相结合、定性分析与定量分析相结合的过程。用于工程分析的方法很多,不同的工程风险分析阶段可以采用不同的工程风险分析方法。工程风险识别阶段可以采用的方法包括资料及数据采集法、现场调查法、专家调查法、层次分析法等。工程风险估计阶段采用的方法包括模糊综合判断法、风险量估计法、风险指数法等。风险评价阶段可以采用规范分析模式,首先确定工程项目风险的评价标准,然后评价工程风险对项目目标实现的影响,在此基础上确立风险处置的基本对策。

三、工程风险分析的成本

在进行工程风险分析时,应考虑工程风险分析成本与风险分析能够避免或减少的风险损失之间的关系。可以把风险分析可避免或减少的风险损失看作是进行风险分析的收益,而用于工程风险分析管理人员的工资、设备和其他管理协调费用是风险分析的成本。风险分析的成本与收益的关系可由图 2-1 表示,图中阴影部所示的风险分析投入可以取得较高的收益,是风险成本投资的最佳区。

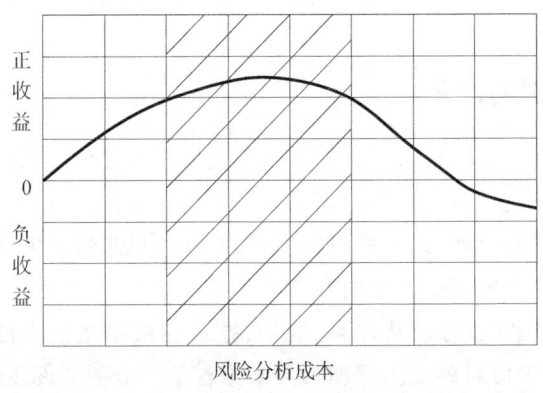

图 2-1　风险分析成本与收益关系

四、工程风险的分析重点

风险分析可以在项目寿命期的任何一个阶段进行,对于建设项目,在下述阶段进行重点分析可以取得较好的效果。

1. 可行性研究阶段

这一阶段,项目变动的灵活性最大,这时若有减少项目风险的变更,则代价小,而且有助于选择项目的最优方案。

2.审批阶段

此时项目业主可以通过风险分析了解项目可能会遇到的风险,并检查是否采取了所有可能的步骤来减少和管理这些风险。在定量分析风险之后,业主还能够知道实现项目的各种目标有多大的可能性。

3.招投标阶段

承包人可以通过风险分析明确承包中的所有风险,有助于确定应付风险的预备费数额,或核查自己受到风险威胁的程度。

4.项目实施期间

项目实施期间,定期作风险分析、切实地进行风险管理可以增加项目按照预算和进度计划完成的可能性。

第二节 工程项目风险识别概述

风险识别是工程项目风险管理中一项经常性的工作,它是要确定在工程项目实施中存在哪些风险,这些风险可能会对工程项目产生怎样的影响,并将这些风险及其特性归档。

一、风险识别的含义

项目风险识别是项目风险管理的基础和重要组成部分。风险识别就是确定何种风险事件可能影响项目,并将这些风险的特性整理成文档或资料。风险识别是项目管理者识别风险来源、确定风险发生条件、描述风险特征并评价风险影响的过程。风险识别有两个方面的工作内容:

(1)找出风险来源,可以从时间、费用、技术和法律政治条件等方面考虑。在查找风险源时,首先应将整个工程项目分解为若干个分项分部工程,对各个子项工程进行分析和辨识。同时,应熟悉各子项工程的工作过程和技术措施,并结合类似工程的风险状况为本项目的风险识别提供借鉴,找出任何可能对项目造成损失的事件根源。如地基和基础工程中要涉及土方、打桩、砌筑、支护、混凝土浇筑、钢筋模板等多项子工程,而其中的每一项子工程又要涉及众多的施工技术,施工工艺和过程各异,在每一个子工程内部都可能存在各种各样的风险源。

(2)分析风险,即找出风险因素向风险事件转化的条件,在转化的中间过程中加以干预,控制风险的转化,降低风险事故发生的概率和损失程度。

二、风险识别的特点

风险识别是风险管理的基础,只有通过风险识别,才能使理论联系实际,把风险管理的注意力集中到具体的项目上来。通过风险识别,可以将可能给项目带来危害和机遇的风险因素识别出来。风险识别是制定风险应对策略的依据,其主要的特点表现在以下几个方面:

(1) 全员性。项目风险的识别是一项复杂的工作,不只是项目经理或项目个别人的工作,而是项目全体成员参与并共同完成的任务。每个项目组成员的工作都会有风险,其本人也是风险后果的承载体之一,因此每个成员都应根据自身的项目经历和风险管理经验,识别本职工作的风险,群策群力,将整个项目的风险识别做到全面准确。

(2) 系统性。项目风险无处不在、无时不有,决定了风险识别的系统性,即项目寿命期过程中的风险都属于风险识别的范围。

(3) 动态性。风险识别并不是一劳永逸的工作,它不是一次性的,在项目计划、实施甚至竣工阶段都要进行风险识别。根据项目的内部条件、外部环境以及项目范围的变化情况,适时、定期进行项目风险识别是非常必要和重要的。

(4) 信息性。风险识别需要做许多基础性的工作,其中重要的一项工作是收集相关的项目信息。信息的全面性、及时性、准确性和动态性决定了项目风险识别工作的质量和结果的可靠性、精确性,项目风险识别具有信息依赖性。

(5) 综合性。风险识别是一项综合性较强的工作,除了在人员参与、信息收集和范围等方面具有综合性特点外,风险识别过程中还要综合应用各种风险识别技术和工具。

三、风险识别的基本原则

1. 完整性原则

工程风险识别的完整性原则是指在工程风险计划制定阶段应全面完整地识别出标的工程所潜伏的风险。为了保证风险识别的完整性,可以采用多种风险识别方法,从多个角度进行分析和识别。例如,建设工程项目的风险分析工作可以从以下角度分别进行。

(1) 目标角度:按建设工程目标进行分解,考虑影响建设工程投资、进度、质量和安全目标实现的各种风险;

(2) 时间角度:从建设工程的实施过程各个阶段进行分解,考虑建设工程实施不同阶段的不同风险;

（3）因素角度：按建设工程风险因素的分类分解，如政治、社会、经济、自然、技术等方面的风险。

将各个角度所得到的风险识别结果相互比较，去除重复的因素，并相互补充，达到全面地进行风险识别的目的。

2. 系统性原则

工程风险识别的系统性原则要求在工程风险计划的制定阶段，应从工程全局的角度系统地识别工程风险。比如，在完成地下工程时，应考虑到给上部结构带来的影响，反之亦然。

3. 重要性原则

重要性原则指工程风险识别应有所侧重。侧重点应放在两个方面：一是风险属性，着力把一些重要的工程风险损失较大的风险识别出来，对于影响较小的风险可以忽略，这样有利于节约成本，保证工程风险识别的收益率；二是风险的载体，整体工程项目的重要结构一定要列为风险识别的重点，如房建工程中的基础工程和主体工程等。

在风险识别过程中，系统性原则保证了工程风险识别的效果，而重要性原则保证了工程风险识别的效率。系统性原则与重要性原则应配合运用：在重要性原则指导下的风险识别必须站在工程项目系统的高度来判断风险或风险载体的重要性，即重要性原则必须以系统性原则为指导；在系统性原则指导下的工程风险识别应该在系统地识别风险的同时，有侧重地把重要的风险载体的风险和一些比较重要的风险识别出来。

第三节　工程项目风险识别过程

风险识别过程主要包括收集数据或信息、分析不确定性、确定风险事件和风险事件分类、编制风险识别报告四个过程。

一、收集数据或信息

首先应明确风险是客观存在的，可以通过对各类相关数据或信息的采集，找出其中可能引起项目不确定性的因素。在数据和信息的收集过程，应注重以下几个方面：

（1）工程项目环境方面的数据资料

工程项目的实施和建成后的运行离不开相关的自然、社会和政治环境，而这些环境因素的变动或不确定性，会给项目的实施带来不可预见的事件，即项目风险。

（2）相似工程的有关数据资料

对类似工程项目的风险识别资料的收集对标的项目风险识别而言是非常有益的借鉴。工程项目的"类似"包括建设环境相似、工程类型相似、经营方案相似等，已有工程的经验和教训对当前工程项目的风险识别很有帮助，应注重对过去建设过程中的档案记录、工程总结、工程验收资料、工程质量与安全事故处理以及工程变更和施工索赔等各种资料的收集。

（3）工程的设计、施工文件

工程设计文件是工程施工的依据，对这些内容的改变可能会引来风险；另外，工程施工文件明确了工程施工的方案、质量控制要求和工程验收的标准等，在施工过程中若进行施工方案优化等时，同样会给项目引入风险，这部分资料的收集整理对风险识别是十分必要的。

二、分析不确定性

在基本数据或信息收集的基础上，应从以下几个方面对工程项目的不确定性进行分析。

（1）不同建设阶段的不确定性分析。工程建设有明显的阶段性，在不同建设阶段，不论是不确定性事件的种类，还是不确定性事件的不确定程度均有很大的差别，应对不同建设阶段的不确定性进行分析。

（2）不同目标的不确定性分析。工程建设有进度、质量、费用等指标，针对不同的指标，所含内容及其影响因素也各不相同，应从实际出发，对不同目标的不确定性作出客观的分析。

（3）工程结构的不确定性。不同的工程结构，不仅它们各自特点不同，而且所遇到的影响因素也不相同，即使相同，影响程度也可能存在差异，应具体对象具体分析。

（4）工程建设环境的不确定性分析。工程建设环境是引起各种风险的重要因素，应对建设环境进行较为详细的不确定性分析，分析由其而引发的工程项目风险。

三、确定风险事件和风险事件分类

在工程项目不确定性分析基础上，进一步分析这些不确定因素引发工程项目风险的大小，并对这些风险进行归纳、分类。对风险进行分类有双重目的：首先，通过对风险进行分类能加深对风险的认识和理解；其次，通过分类，可以认清风险的性质，从而有助于制订风险管理的目标。

正确的风险分类应该依据风险的性质和可能的结果及彼此间可能发生的关系进行,如此的风险分类有助于更彻底地理解风险、预测其结果,且有助于发现与其有关联的各方面的因素。常见的分类方法是由若干个目录组成框架形式,每个目录中都列出不同种类的风险,并针对各个风险进行全面检查。以工程承包为例,分类框架可由6个风险目录组成,各个目录中均列出典型风险,如表2-1所示。

表 2-1　　　　　　　　　　　　风险分类

风险目录	典型的风险
不可抗力造成的损失	洪水、地震、火灾、狂风、闪电
有形的损失	结构破坏、设备损坏、劳务人员伤亡、材料或设备发生火灾或被偷盗
财务和经济	通货膨胀、业主的资金供应、汇率浮动、分包人的财务风险
政治和环境	法律和法规的变化、战争、动乱、注册审批等
设计	设计失误、错误、不规范
与施工相关	气候、劳务争端和罢工、劳动生产率、不同的现场条件、失误的工作、设计变更、设备缺陷

四、编制风险识别报告

1. 已识别出的风险

已识别出的工程项目风险是风险识别的重要成果之一。该结果经常采用风险清单的形式给出,典型的工程项目风险清单如表2-2所示。风险清单将工程项目所面临的风险汇总并按类别进行排列,可给人们一个整体感觉,能使工程项目管理人员不仅把握自己岗位所面临的风险,而且能使其了解到其他管理人员可能会遇到的风险,还能使他们预感到风险可能发生的连锁反应。

表 2-2　　　　　　　　　　工程项目风险清单(格式)

工程项目名称:

概述:

负责人:

日期:

风险事件名称	风险事件描述	风险事件应对计划和措施

表 2-2 中有关风险事件的描述包括：
(1) 已识别工程项目风险发生概率的估计；
(2) 工程项目风险可能的影响范围；
(3) 工程项目风险发生的可能时间、范围；
(4) 工程项目风险事件可能带来的损失。

2. 潜在的工程项目风险

潜在的工程项目风险是指尚没有迹象表明将会发生的风险，是人们主观判断的风险，一般是一些独立的工程项目风险事件。对于可能性或者损失相对较大的潜在的工程项目风险，应该注意跟踪和评估。

3. 工程项目风险的征兆

工程项目风险的征兆是指工程项目风险发展变化可能的趋向。如，当工程工期紧张，需要赶工的时候，往往就有可能出现。对工程项目风险征兆也需要密切关注，并考虑应对计划和措施。

第四节　工程项目风险识别的方法

在项目风险识别过程中，一般要借助于一些技术和工具，从而提高风险识别的效率和准确性。风险识别的思路很多：可以根据自身的项目管理经历，对当前工程项目可能会遇到的风险做出分析；也可用手头掌握的类似工程风险管理的数据和资料，对当前工程进行风险识别；亦可以采用专家访谈或笔录问卷的方式，对工程项目风险进行识别；等等。

一、检查表法

检查表是管理中用来记录和整理数据的常用工具。用它进行风险识别时，是将项目可能发生的许多潜在风险列于一张表中，供识别人员进行检查核对，用来判别项目是否存在表中所列的或类似的风险。检查表制定的基本过程是：
(1) 对问题有个准确的表述，确保达到意见统一；
(2) 确定资料搜集者认真负责和资料来源全面可靠；
(3) 设计一个方便实用的检查表。

检查表可以包含多种内容，如：
(1) 项目成功或失败的原因；
(2) 项目其他方面规划的结果（如融资、成本、质量、进度、人力资源等计划成果）；

（3）项目产品或服务的说明书；

（4）项目组成员的技能；

（5）项目可用的资源。

表 2-3 和表 2-4 是工程项目融资风险核查表和混凝土裂缝风险核查表示例。

表 2-3　　　　　　　　工程项目融资风险检查表

失败原因或成功的条件	本项目的情况
1. 工程项目融资失败原因	
(1) 工期延误，因而利息增加，收益推迟	
(2) 成本、费用超支	
(3) 技术失败	
(4) 承包商财务失败	
(5) 政府过多干预	
(6) 未向保险公司投保人身伤害	
(7) 原材料涨价或供应短缺、供应不及时	
(8) 项目技术陈旧	
(9) 项目产品或服务在市场上没有竞争力	
(10) 项目管理不善	
(11) 对于担保物，例如汽油、气储量和价值的估计过于乐观	
(12) 项目所在国政府无财务清偿力	
2. 工程项目融资成功的必要条件	
(1) 项目融资只涉及信贷风险，不涉及资本金	
(2) 切实地进行了可行性研究，编制了财务计划	
(3) 项目要用的产品或材料的成本要有保障	
(4) 价格合理的能源供应要有保障	
(5) 项目产品或服务更有市场	
(6) 能够以合理的运输成本将项目产品运往市场	
(7) 要有便捷、通畅的通信手段	
(8) 能够以预想的价格买到建筑材料	
(9) 承包商富有经验、诚实可靠	
(10) 项目管理人员富有经验、诚实可靠	
(11) 不需要未经实际考验过的新技术	
(12) 合营各方签有令各方都满意的协议书	
(13) 稳定、友善的政治环境，已办妥有关的执照和许可证	
(14) 不会有政府没收的风险	
(15) 国家风险令人满意	
(16) 主权风险令人满意	
(17) 对于货币、外汇风险事先已有考虑	

续表

失败原因或成功的条件	本项目的情况
(18)主要项目发起者已投入足够的资本金	
(19)项目本身的价值足以充当担保物	
(20)对资源和资产已进行了满意的评估	
(21)已向保险公司缴纳了足够的保险费,取得了保险单	
(22)对不可抗力已采取了措施	
(23)成本超支的问题已经考虑过	
(24)投资者可以获得足够高的资金收益率、投资收益和资产收益率	
(25)对通货膨胀率已进行了预测	
(26)利率变化预测现实可靠	

表 2-4　　　　　　　　　混凝土裂缝风险核查表

混凝土裂缝的原因	本项目的情况(有或无)
1.材料质量 　(1)水泥安定性不合格 　(2)砂石级配差 　(3)使用了反应性骨料 　(4)混入或渗入了氯盐 　(5)未按规范要求设置钢筋	
2.建筑和结构因素 　(1)平面布置不合理,结构构造措施不力 　(2)变形缝设置不当 　(3)构造筋不足	
3.结构设计失误 　(1)受拉钢筋面积太小或无抗裂设计 　(2)抗剪强度不够 　(3)混凝土截面积太小 　(4)抗扭承载力不足 　(5)抗冲切能力不足	
4.地基因素 　(1)房屋相对沉降过大 　(2)地基局部沉降过大 　(3)地面荷载过大	

续表

混凝土裂缝的原因	本项目的情况(有或无)
5.施工工艺因素 (1)混凝土配比不良 (2)模板变形,支护不当或过早拆模 (3)浇筑顺序或浇筑方法不当 (4)出现冷缝未及时处理 (5)钢筋保护层过小或过大 (6)养护条件差 (7)早期受振或受冻 (8)过早加载或施工超载 (9)混凝土达不到设计强度	
6.温湿度因素 (1)水泥水化热过大引起温差 (2)高温作用或温度骤变 (3)温度引起混凝土胀缩	
7.其他 (1)环境腐蚀 (2)振动 (3)环境扰动	

二、图解法

1.因果分析图

因果分析图也称为事故树分析图,是根据核查表等方法分析风险的存在,或在假设风险存在的基础上,而经常使用的确定风险起因的方法。在构造事故分析树时,被分析的风险事件在树的顶端,树的分支是考虑到的所有可能的风险因素,同一层次的风险因素用逻辑运算符号相连,可以有"与"操作和"或"操作两种。"与"操作指位于该符号两侧的事件必须同时发生,其上一级的事件才会发生;"或"操作是指同一层次的风险因素只要有一个发生就会导致上一级的事件发生。图2-2为墙体裂缝的风险事故分析树示例。

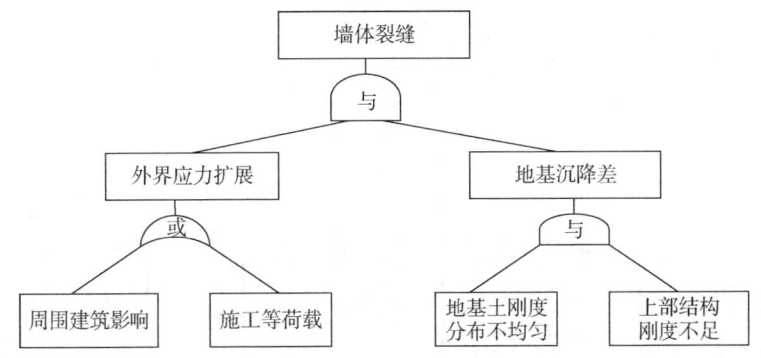

图 2-2 墙体裂缝的风险事故分析树

图 2-3 为混凝土强度达不到设计标号时的因果分析图示例,在所列各种可能发生的风险因素的基础上标出主要因素,清晰表出主、次风险因素。

2. 流程图

流程图是一种根据工程项目实施过程,或根据工程项目某一部分管理过程,或某一部分结构的施工过程,进行罗列,再结合工程的具体情况,识别该工程存在哪些风险的方法。风险识别的流程图方法可应用于识别非技术风险,也可应用于识别技术风险。

三、专家调查法

1. 德尔菲(Delphi)方法

德尔菲方法起源于 20 世纪 40 年代末期,是一种反馈匿名函询法。其做法是在对所要预测的问题征得专家意见之后,进行整理、归纳、统计,再匿名反馈给各位专家,再次征求意见,再集中,再反馈,直到得到稳定的意见。

德尔菲法的应用步骤如下:

第 1 步:挑选企业内部、外部的专家成立小组,专家们不会面,彼此互不了解;

第 2 步:要求每位专家对所研讨的问题进行匿名分析;

第 3 步:所有专家都会收到一份全组专家的综合分析答案,并要求所有专家在这次反馈的基础上重新分析;

第 4 步:重复 2、3 步,直到所得到的分析答案稳定为止。

2. 头脑风暴法

头脑风暴法是一种集思广益法,它是通过营造一个无批评的自由的会议环境,使与会者畅所欲言,充分交流,互相启迪,产生出大量的创造性思维火花。其具体过程为:

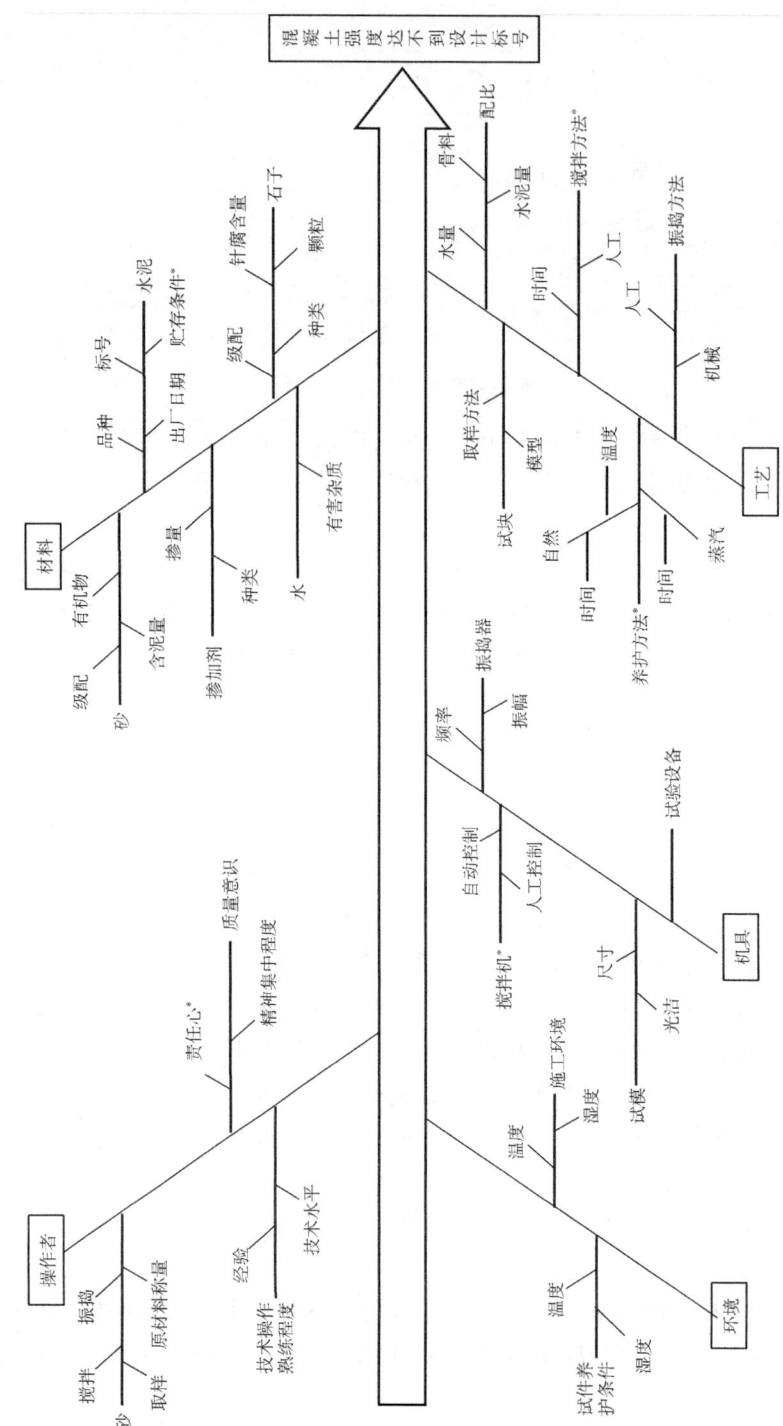

图 2-3 混凝土强度不足的因果分析图（* 为主要因素）

(1) 人员选择。参加头脑风暴会议的人员主要由风险分析专家、风险管理专家、相关专业领域的专家以及具有较强逻辑思维能力和总结分析能力的人才组成。主持人是会议的重要角色,通过他的引导、启发,可以充分发挥每个与会者的经验和智慧。

(2) 明确中心议题。与会专家在会议中应集中讨论的议题主要有:如果承接某个工程或从事某项目时会遇到哪些风险,这些风险的危害度如何等。

(3) 轮流发言并记录。无条件接纳任何意见,不加以评论。在轮流发言时,任何一个与会成员都可以先不发表任何意见而跳过,记录人员尽量按原话记录每条意见。

(4) 对意见进行评价。组员在轮流发言停止之后,共同评价每一条意见。最后由主持人总结出几条重要结论。

应用头脑风暴法应始终遵循一个原则,即在发言过程中没有讨论,不进行判断性评论。

四、分解分析法

分解分析法就是根据分解原则,将复杂的事物分解成较为简单的容易被识别的事物,将大系统分解成若干小系统,从而识别可能存在的种种风险与潜在的损失。在工程项目风险识别中可采用按工程项目结构和按引起风险的因素进行分解。

1. 工程项目结构分解识别法

为管理上的方便,可根据工程项目一般的分解方法,将其分解为单项工程、单体工程、分部工程和分项工程。然后,从工程项目的最小单位开始逐步识别风险。图 2-4 为某水电工程项目结构分解图,可从项目的分项工程开始分析可能存在的种种风险。

2. 风险因素分解识别法

引发工程项目风险的因素有多种多样,而且不同的工程项目差异很大。然而总可以按照某种方法进行分解,使风险因素具体化,从而进行风险识别。图 2-5 为工程风险因素的一种分解方法。

除了以上介绍的几种方法以外,风险评价方法还有:情景分析法、调查法、环境分析法(SWOT 法)、敏感性分析法、层次分析法等。在实际的风险分析过程中,要选择哪一种方法或哪些方法作为风险识别手段,应根据具体条件而定,一般情况下,可以同时采用几种方法,综合最终结果而得到风险识别结论。

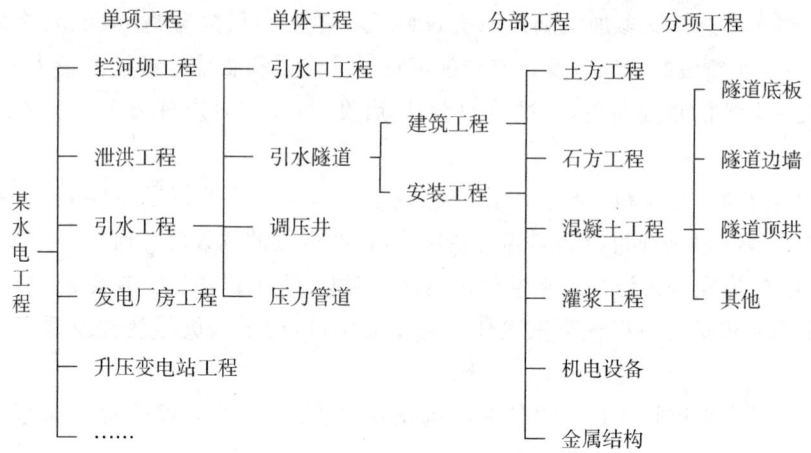

图 2-4　某水电工程项目结构分解图

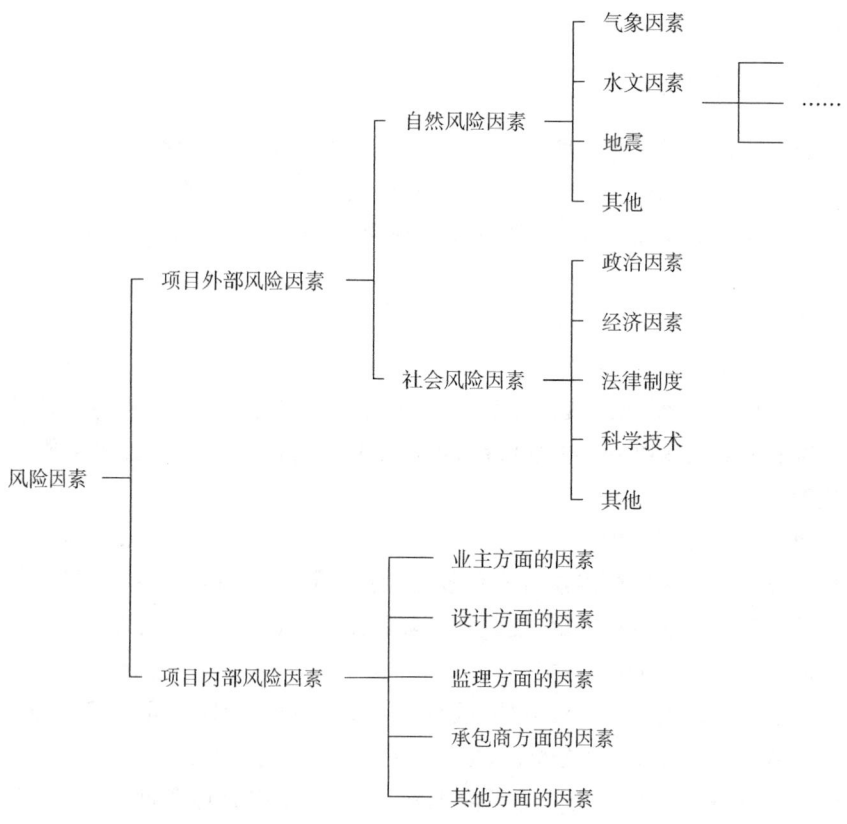

图 2-5　工程风险因素分解示意图

第五节　工程项目风险识别案例

三峡工程是关系国计民生的大型工程项目,其在风险管理方面的经验有很多是值得借鉴的,本案例以三峡二期工程为例讲述风险识别,其中也涉及部分风险评价的内容。

一、工程风险种类

在三峡二期工程中主要的风险分为三类:一是不可抗力造成的自然风险,包括洪水、暴雨、暴风、雷击、泥石流等;二是围堰、爆破、发电机定子下线、发电机转子吊装等施工过程中因工人和技术人员违反操作规程等造成的意外事故风险;三是施工过程造成施工场地内或邻近地区的第三者伤亡和财产损失的风险。

二、总体风险因素

在风险识别过程中,应根据风险现象逐步进行分析,最终找到风险因素。三峡二期工程风险因素主要包括六个方面。

(1) 地理因素。三峡坝区是暴雨、大风、雷击等灾害天气的多发区,受四周高山影响,坝区降水量呈现不均匀的特征。二期工程在江底施工,二期围堰是保障工作地施工条件的基础,如果出现特大洪水,洪水可能漫过堰堤或引起围堰局部溃塌。

(2) 承包商因素。包括承包商的能力、技术、管理职业道德等因素。承包商虽然都承建过一些大的工程,但承建二期工程这种特大工程还是首次,施工中略有疏忽,就可能导致风险的发生。

(3) 协调因素。二期工程施工是一个复杂的结构体,哪一个环节出现问题,都可能产生连锁反应。如供电、供水、混凝土供料以及承包商之间的协调等,无论哪一环节出现问题都可能导致风险的发生。

(4) 监理因素。三峡工程实行监理制,监理的责任心和管理能力直接关系到工程风险的发生与否。

(5) 设计因素。二期工程规模庞大且结构复杂,如果某一环节设计疏忽或设计错误,都将影响工程施工或正常投入使用。

(6) 材料及设备因素。原材料缺陷或工艺不完善可能会引发保险责任事故。

三、风险环节

三峡二期工程存在八个风险环节:

(1) 三峡坝区是洪水、暴雨、大风、雷击等灾害天气的多发地区,在机组安装工程的初期,由于机组安装、金属结构安装及土建施工平行作业交叉进行,厂房尚未建成,房顶尚未封闭,因而可能因灾害天气造成风险事故的发生。

(2) 机组零部件从仓库运至工地,在搬动及运输过程中有发生碰撞及坠落事故的风险。

(3) 机组设备在运至工地后,要经过一段时间的仓储,再运至安装现场,如果在现场打开包装时发现设备损坏,可能很难判断是运输过程中损坏的还是仓储时损坏的,给风险责任的承担带来不确定性。

(4) 超级、超限部件在现场组装过程中存在风险。

(5) 发电机定子下线过程中存在风险。

(6) 发电机转子吊装过程中存在风险。左岸发电机转子重达1500t,外径超过18m,与定子内径(18.8m)间的气隙仅为31.5mm,转子由两台桥式起重机同时吊装,因而吊装过程对组织指挥的水平、转子姿态的测量调整及定位、两台起重机的协调工作准确性等的要求都非常高,略有疏忽,将造成巨大损失。这是机组安装过程中风险最大的环节之一。

(7) 施工组织管理环节存在风险。

(8) 试车过程是对设计、制造和安装等环节工作质量的最终检验,在以上环节中存在的缺陷或隐患,都会在试车中引发风险事故且损失巨大。因此,试车过程也是机组安装工程最大的风险环节之一。

四、主要风险状态

图2-6所示是三峡二期工程主要风险的组成和风险对风险管理目标的影响程度,图中各符号说明如下:

1——自然灾害;

2——火灾、爆炸引起的事故;

3——空中运行物体坠落;

4——设计缺陷、制造工艺或技术不完善引起的事故,原材料缺陷引发的事故;

5——安装工艺或技术不完善引发的事故;

6——工人和技术人员个人违反操作规程;

7——施工用机具、设备、机械装置失灵;

8——超负荷、超电压、碰线等引发的事故。

该风险状态图是根据各类风险对整体工程的影响程度而得出的,其中风险影响程度的结论是基于主观判断,只是反映各种风险之间相对影响程度的相对变量。

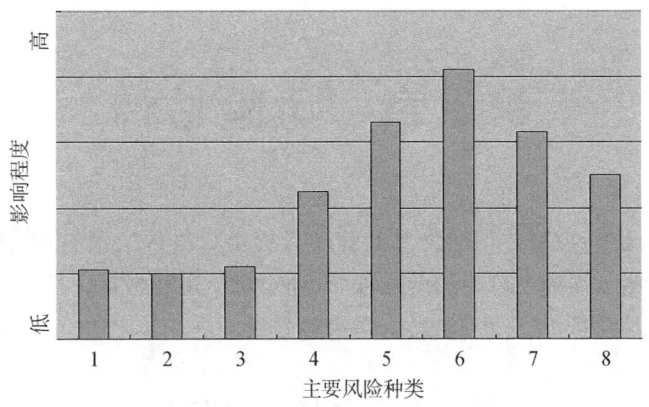

图 2-6　风险种类的影响程度

从风险分析图中可以看出,在八类风险中,违反操作规程引发的事故的影响程度最大,其次是工艺技术因素和施工设施因素的影响程度。

第三章 风险估计

只对风险进行识别并不能为风险管理者提供最终的决策参考,为了使风险认识更加明确,还必须确定风险的严重程度,即对风险进行估计。风险估计是在风险识别基础上进行的定量分析与描述,是风险分析的进一步工作。

第一节 风险估计概述

一、风险估计的含义

风险估计是对工程项目各个阶段的风险事件发生可能性的大小、可能出现的后果、可能发生的时间和范围的大小等的估计。项目风险估计较多采用统计、分析和推断法,一般需要一系列可信的历史统计资料和相关数据以及足以说明被估计对象特性和状态的资料作保证;当资料不全时,则往往依靠主观推断来弥补,此时项目管理人员掌握科学的项目风险估计方法、技巧和工具就显得格外重要。

风险估计必须遵循一定的原则。一是系统性原则,从已识别出的风险的整体考虑,保证既能全面地估计风险,又有重点地估计风险;二是谨慎性原则,风险估计的结论将影响风险处置措施的选择,因此风险估计时应慎重;三是相对性原则,一种风险的大小一般是表征它相对于风险系统内的其他风险因素对风险目标的影响程度;四是定性估计与定量估计相结合。

二、风险估计的主要内容

1.风险事件发生可能性的估计

工程项目风险估计的首要任务是分析和估计风险事件发生的概率,即风险事件发生可能性的大小。在估计工程风险分布规律时,需要采用专家调查法、现场观察法、模糊综合评判法等多种方法,对工程风险进行现场观测或试验模拟,估计出目标风险的概率分布。

2.风险事件发生危害程度的估计

这一项工作是估计工程项目风险事件可能带来损失的大小。在工程项目实施的过程中,经常会遇到风险事件的发生概率不大,但一旦它发生,其后果就会十分严重的情况。例如,水利工程中的围堰事故发生概率虽然较小,但一旦发生,它将对整个工程产生重大影响,可能会造成巨大损失。

3.风险事件影响范围的估计

风险估计的第三项工作内容是对风险事件影响范围的估计,包括分析风险事件可能影响的部位,或可能影响的方面、工作等。在工程项目实施过程中,有些风险事件的发生概率不大,但发生后影响的范围较大,例如,建筑工程中,地下工程的施工过程,一旦发生风险事故,将直接影响整个项目的实施及上部结构。

4.风险的定级

根据风险评估结果和总体工程的状况、业主或承包商的风险承受能力,可将工程风险粗略分级,如可按如下分级。

一级:风险事故后果可以忽略,可以不采取控制措施;

二级:风险事故后果较轻微,不至于破坏某个分项工程,应权衡风险损失与风险处置成本,采取适当的处置措施;

三级:风险事故后果很严重,可能破坏某个分项工程并有人员伤亡,应立即采取措施;

四级:这是危险最高的风险,风险事故后果是灾难性的,应立即排除。

工程风险定级也可以采用其他方法。

5.风险事件发生时间的估计

项目风险事件的发生时间是工程项目风险分析中的重要工作,对此有两方面考虑:一是从风险控制角度看,根据风险事件发生的时间先后进行控制,可以将早发生的风险事件优先采取措施进行控制,而对于相对迟发的风险,则可通过对其进行跟踪和观察,并抓住机遇进行调节;二是在工程项目实施中,对某些风险事件,可以通过时间上的合理安排,大大降低其发生的概率或减少其可能带来的后果。

三、工程风险估计的一般过程

通常的风险估计可以遵照以下步骤进行:

(1)确定风险估计的目的、要求,收集资料。

(2)根据标的工程的风险状态特点和后续的风险处理需要,选择合适的估计方法。

(3)通过观察、询问和问卷调查等方式,进行施工现场的风险定性估计。

(4)确定风险估计变量及风险估计公式,对风险进行定量估计。

(5)从定性和定量结果出发,进行综合估计。

(6)对以上分析结果进行修正并得到最终结论。

图3-1给出了工程风险估计的一般流程。

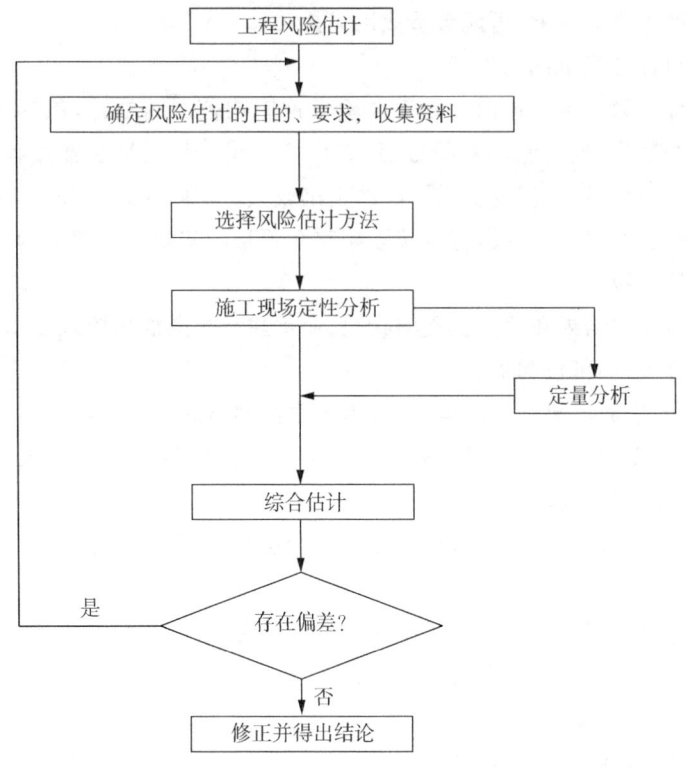

图 3-1 风险估计一般流程

第二节 风险事件发生概率估计方法简介

风险事件发生的概率和概率分布分析是进行工程项目风险估计的基础。一般而言,风险事件的发生概率或概率分布应由历史资料和数据来确定,即得所谓客观概率;但当人们有足够的历史资料和数据来确定风险事件的发生概率或概率分布时,可以利用理论概率分布或主观概率进行风险估计。

一、利用已有数据资料分析风险因素或风险事件的概率分布

当工程项目某些风险事件或其影响因素积累有较多的数据资料时,就可通过对这些数据资料的分析,找出风险因素或风险事件的概率分布。这是分析风险事件发生概率和分析风险损失的重要途径。下面给出这方面的两个例子。

1. 由已有资料确定风险因素的概率分布

例 3-1 在工程地基边坡稳定性风险分析中,土体抗剪强度的概率分布是一项

重要的基本参数。一般是通过勘测和试验取得基本数据,然后通过分析,确定土体抗剪强度的概率分布。表 3-1 给出了某工程土体单元强度整理后的试验数据。

当试验数据较充分时,表 3-1 中累计频率就可成为概率。表 3-1 中的频(概)率分布是由 40 个土体单元抗剪强度试验数据得到的,因而叫样本分布或经验分布。把表 3-1 中的经验分布用图来表示,即可得到图 3-2 所示的直方图。将该直方图中每一小矩形上边的中点用光滑曲线相连,得到的曲线即为经验分布曲线。显然,图 3-2 中的经验分布曲线和正态分布曲线很接近,必要时可根据这些数据,对其假设的分布类型进行检验。通过检验确认假设成立后,可认为土体抗剪强度这一随机变量近似服从正态分布。

表 3-1　　　　　　　土体单元抗剪强度试验数据统计表

数据分组(MPa)	组中值(MPa)	频数	频(概)率	累计频(概)率
7.0～8.0	7.5	3	7.5%	7.5%
8.0～9.0	8.5	5	12.5%	20.0%
9.0～10.0	9.5	7	17.5%	37.5%
10.0～11.0	10.5	9	22.5%	60.0%
11.0～12.0	11.5	7	17.5%	77.5%
12.0～13.0	12.5	5	12.5%	90.0%
13.0～14.0	13.5	3	7.5%	97.5%
14.0～15.0	14.5	1	2.5%	100.0%

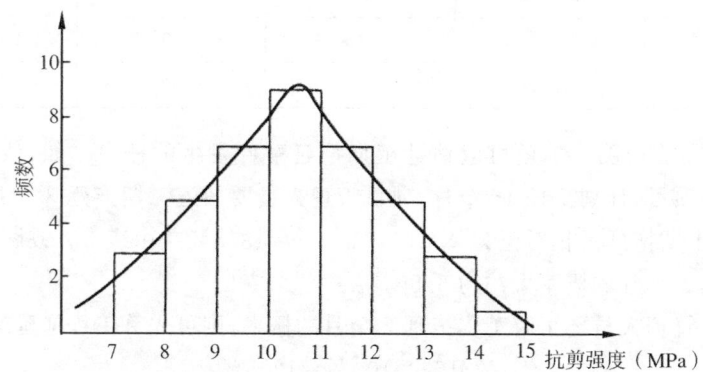

图 3-2　土体抗剪强度经验分布

有了所有风险因素的概率分布,根据一定的风险计算模型,就可计算风险事件的发生概率、计算风险事件后果的期望值等。

2. 由已有资料确定风险事件的概率

例 3-2 某建设公司在过去几年中完成了 72 项施工任务,由于种种原因,其中一部分工程拖延了工期。将工程施工期的情况加以整理,得到表 3-2 统计数据。表 3-2 中,拖延时间单位为月,数据分组区间和组中值均为拖延月数的相对值(负值表示工程提前完成);频数为工程的数目。把表 3-2 统计数据用图描述,则得到如图 3-3 所示直方图。

表 3-2 工程拖延数据统计表

数据分组	组中值	频数(项)	频(概)率	累计频(概)率
−34%~−30%	−32.5%	0	0.0%	0.00%
−29%~−25%	−27.5%	2	2.78%	2.78%
−24%~−20%	−22.5%	1	1.39%	4.17%
−19%~−15%	−17.5%	3	4.17%	8.34%
−14%~−10%	−12.5%	7	9.72%	18.06%
−9%~−5%	−7.5%	10	13.89%	31.95%
−4%~0%	−2.5%	15	20.83%	52.78%
1%~5%	2.5%	12	16.67%	69.45%
6%~10%	7.5%	9	12.50%	81.95%
11%~15%	12.5%	8	11.11%	93.06%
16%~20%	17.5%	4	5.56%	98.62%
21%~25%	22.5%	0	0.00%	98.62%
26%~30%	27.5%	1	1.39%	100.01%
31%~35%	32.5%	0	0.00%	100.01%

通过表 3-2 或图 3-3,就可以估计工期拖延事件发生的概率。如,该公司拟承包一个工程项目,计划工期 16 个月,项目管理人员要知道工期拖延 3 个月的概率。由此可知,工期拖延的相对值为 $(3/16)\times 100\% = 18.8\%$。由表 3-2 或图 3-3,可得到工期拖延 3 个月的概率大约为 5.56%。

若项目管理人员要了解工程拖延 2 个月的概率,则可先算工程拖延的相对值
$$(2/16)\times 100\% = 12.5\%$$
然后由表 3-2 或图 3-3,可得到工程拖延两个月的概率是 11.11%。

二、利用理论概率分布确定风险因素或风险事件的概率

在工程实践中,有些风险因素或风险事件的发生,是一种较为普遍的现象。前

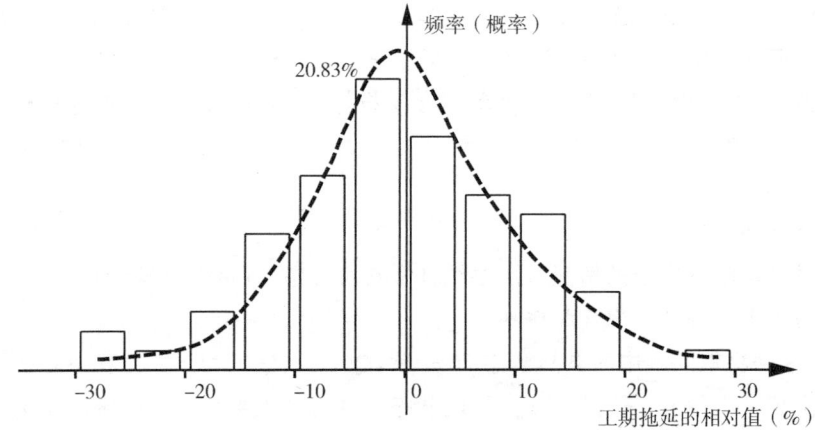

图 3-3 工期拖延经验分布

人已做过了很多的探索和研究,并取得了这些风险因素或风险事件的随机变化的规律,即分布的规律。对这种情况,就可利用已知的理论概率分布,根据工程的具体情况去求出风险因素或风险事件发生的概率。

专家们做了大量的研究后发现,在工程项目的质量管理过程中,质量数据具有波动性,这种波动性是由许多因素造成的,而在正常生产条件下,每一因素的作用并不明显,而且没有一个因素在起主导作用。因此,这种波动性是有规律的,即服从正态分布。因此,在工程项目质量的风险分析时,就可直接利用这一结论,来计算其质量风险的大小。

在我国水利工程建设中,许多水文工作者对河流洪峰流量的随机性进行了分析研究,发现对于许多河流,其服从 P-Ⅲ 型分布。因此,在进行水利水电工程泄洪风险计算和施工导流风险分析时,一般可直接利用该分布。

三、用主观概率分析风险事件发生的概率

由于工程项目具有明显的一次性和单件性,工程项目的可比性较差,工程项目的风险来源和风险特性往往也相差很远,有时根本就没有或很少有可以利用的历史数据和资料。在这种情况下,项目管理人员就只能根据自己的经验猜测风险事件发生的概率或概率分布。当然,利用主观概率分析工程项目风险时应注意到,主观概率反映的是特定的个体对特定事件的判断。在某种程度上,主观概率反映了个体在一定情况下的自信程度。用主观概率估计风险因素或风险事件的发生概率通常有下列几种方法。

1. 等可能法

在分析风险因素或风险事件发生概率时,没有任何历史资料和数据的情况下,

此时可认为各个自然状态出现的可能性是相等的,若有 n 种自然状态,每种自然状态出现的概率为 $1/n$。这种方法又称等可能法或拉普拉斯(Laplace)法。

例如,在工程投标时,若有 6 个单位参与投标竞争,若认为每个投标单位的中标概率相同,则每一投标人中标的概率为 $1/6$,而每一投标人不能中标的风险是 $1-1/6=5/6$。

2. 统计估算法

若对自然状态出现的情况有历史统计资料可参考,则可通过统计计算,以各种状态在历史上出现的频率代替概率。

如,某种决策问题中的自然状态有 m 种:Q_1、Q_2、Q_3…Q_m 每种状态在历史上出现的次数一次为 n_1、n_2、n_3…n_m,不同状态出现的总次数为 $n=n_1+n_2+n_3+\cdots+n_m$,则第 i 种自然状态出现的概率近似为

$$P(x=Q_i)=\frac{n_i}{n},i=1,2,3\cdots m$$

3. 主观测试法

对于自然状态出现的概率,项目管理人员也可用比较、试探的方法去估计,即为主观测试法。如令 Q 表示某种自然状态发生,$\bar{Q}$ 表示它不发生。首先比较 Q 和 $\bar{Q}$ 哪个更可能出现。若 Q 比 $\bar{Q}$ 更易发生,则有 $P(x=Q)\geqslant 1/2$;此时再将$(1/2,1)$分为 2 段,分点是 $3/4$,让项目管理者选择,是接受 $P(x=Q)\geqslant 3/4$,还是接受 $1/2\leqslant P(x=Q)\leqslant 3/4$,若项目管理者认为后者成立,再把$(1/2,3/4)$分成 2 段,分点是 $5/8$,接着让项目管理者决定是接受 $P(x=Q)\geqslant 5/8$,还是愿意接受 $1/2\leqslant P(x=Q)\leqslant 5/8$,……依次类推。直到项目管理者对 $P(x=Q)=p$ 认可为止。

4. 专家估计法

个体对风险因素或风险事件发生概率的判断可能主观性较大,为避免个体行为的偏差,使估计结果更符合客观实际,应充分利用专家们的集体智慧,由专家们来确定风险因素或风险事件的发生概率。

该方法是请若干专家,分别对风险因素或风险事件发生概率作出估计,然后项目管理者加以综合。由于每位专家的学识、经历和经验不一,因此它们对事物的认识会有差异,

项目管理者对他们的信赖程度也不一样,常给其意见赋以不同的权重 α_i,并且要求 $\alpha_1+\alpha_2+\alpha_3+\cdots+\alpha_m=1$(设有 m 位专家参加估计),然后计算出加权平均结果,作为对风险因素或风险事件发生概率的估计值。

例 3-3 某工程分为 5 个标,每个标依次排序为 X_1、X_2、X_3、X_4、X_5,将实行分项招标,某一投标人拟参与其中 1 个标的投标,假设投标人对每个标的中标概率不

一样,即每个标不能中标的风险不一样。投标人请来4位专家对投标风险作分析,评估投哪个标更能中标,或不中标的风险较小。不能中标的风险从小到大排出次序的结果如表3-3所示。

表3-3　　　　　　　各种状态评价次序

排列次序＼名次＼专家	1	2	3	4	5	α
A	X_1	X_3	X_5	X_2	X_4	0.25
B	X_3	X_2	X_1	X_5	X_4	0.28
C	X_2	X_1	X_3	X_4	X_5	0.22
D	X_3	X_2	X_5	X_1	X_4	0.25

投标决策者对专家们的信赖程度用系数 $α_i$ 来表示,分别为0.25、0.28、0.22、0.25,且0.25+0.28+0.22+0.25=1。则每种状态的综合得分为

$$X_1: 1\times 0.25+2\times 0.22+3\times 0.28+4\times 0.25=2.53$$

$$X_2: 1\times 0.22+2\times 0.28+2\times 0.25+4\times 0.25=2.28$$

$$X_3: 1\times 0.28+1\times 0.25+2\times 0.25+3\times 0.22=1.69$$

$$X_4: 4\times 0.22+5\times 0.25+5\times 0.28+5\times 0.25=4.78$$

$$X_5: 3\times 0.25+3\times 0.25+4\times 0.28+5\times 0.22=3.72$$

总得分为:2.53+2.28+1.69+4.78+3.72=15。因此投标人投不同的标不能中标的概率为

$$P(x=X_1)=\frac{2.53}{15}=0.17$$

$$P(x=X_2)=\frac{2.28}{15}=0.15$$

$$P(x=X_3)=\frac{1.69}{15}=0.11$$

$$P(x=X_4)=\frac{4.78}{15}=0.32$$

$$P(x=X_5)=\frac{3.72}{15}=0.25$$

显然,当投标人投第四个标时,风险最大,而投第三个标时,风险最小。

四、综合推断法

综合推断法是利用已有数据并与主观分析判断结合的一种综合的项目风险发

生概率的估计方法。综合推断法又可分前推法、后推法和旁推法。

1. 前推法

前推就是根据历史经验和数据来推断风险发生的概率。例如,兴建一个化肥厂,需要考虑大雨成灾的风险。为此,可根据这一地区水灾事件的历史记录进行前推,这里也有各种可能性。

如果历史纪录呈现出明显的周期性,那么外推可认为是简单的历史重现,也就是将历史数据序列投射到未来,作为未来风险的估计。有时不能预见水灾发生的确切时间,只能根据历史数据估计出重现期的概率。

有时由于历史数据往往是有限的,或者看不出什么周期性,可以认为已获得的数据只是更长的关于水灾历史数据序列的一部分,关于这一序列又假设它服从某一曲线或函数再进行外推。

有时需要根据逻辑上或实践上的可能性去推断过去未发生过的事件在将来发生的可能性。这是因为历史纪录往往有失误或不完整的地方,气候和环境也在变化。另外,对历史事件的解释也可能掺进某些个人的意见。因此,必须考虑历史上未发生事件在未来发生的可能性。实际上如果将历史数据看作是更长数据序列的一部分,亦有可能推断出历史上未曾发生的事件。在进行这类推断工作时,要采用各种办法,从简单的统计到复杂的曲线拟合和物理系统分析,这要用到个人或集体经验外推的某些形式。

2. 后推法

如果没有直接的历史经验数据可供使用,可以采用后推的方法,即把未知想象的事件及后果与某一已知事件后果联系起来,这也就是把未来风险事件归算到有数据可查的造成这一风险事件的一些起始事件上。在事件序列上也就是由前向后推算。如对于水灾,如果没有关于水灾的直接历史数据可查,可将水灾的概率与一些水文数据如年降水量等联系起来考虑。考虑到某一地区已有的或已设计的排水条件,根据降水量的数据,估算出足以引起一定大小水灾的"假想的大雨",再根据此假想大雨的概率,即可对水灾出现的可能性做出估计。

3. 旁推法

旁推法就是利用不同的但情况类似的其他地区或工程项目的数据对本地区或工程项目进行外推。例如可以收集一些类似地区的水灾数据以增加本地区的数据,或者使用类似地区一次大雨的情况来估计本地区的水灾出现的可能性等。

应当说,旁推法在我国工程界早已被采用。例如,在水文分析中常采用"水文比拟法"。在进行风险较大的工程项目时,如采用新的建筑材料或新的工程结构时,常采用的"试点"、"由点到面"的方法,就是工程中较为典型的一种旁推法。用某一项目取得的数据,去预测其他工程项目的状态,这是工程项目风险估计常用的方法之一。

第三节 风险损失的估计

工程项目风险损失是风险估计的一个重要方面,其估计的精度直接影响到项目决策或项目风险应对措施的选择。

一、工程项目风险损失的标的

工程项目风险损失就是项目风险一旦发生后,将会对工程项目目标的实现形成不利的影响。这种影响对象,即损失的标的,一般包括下列四个方面:

(1) 进度(工期)拖延。反映为各阶段工作的延误或工程工期的滞后。例如,因恶劣的气候条件导致施工中断,处理质量事故要求暂停施工等。

(2) 费用超计划。反映为项目费用的各组成部分的超支。例如,价格上涨,引起材料费超出计划值,处理质量事故使费用增加等。

(3) 质量事故或技术性能指标严重达不到要求。这是指质量严重不符合有关标准的要求,而且一般要求返工,造成经济损失或工期的延误。

(4) 安全事故。这是指在工程建设活动中,由于操作者的失误、操作对象的缺陷以及环境因素等,或它们相互作用所导致的人身伤亡、财产损失和第三者责任等。

上述四类损失分属不同的性质,如超支用货币来衡量,而进度属时间的范畴,质量事故和安全事故既涉及经济,又会导致工期的延误,显得更加复杂。但在工程项目风险管理中,质量和安全的影响问题常可归结为费用和进度的问题。在某些场合还可以进一步将工程项目的进度问题归结为费用的问题去分析处理。

二、进度(工期)损失的估计

风险事件对工程项目引起进度(工期)方面损失的估计问题,一般应分下列两步展开。

1. 风险事件对工程局部进度影响的估计

风险事件对工程局部进度影响的估计是分析风险事件引起项目进度(工期)损失的基础。这项分析既要确定影响局部进度风险事件的发生时间,又要确定局部施工活动延误的时间。

对于影响局部进度风险事件发生的时间,可根据工程整体的进度计划和工程建设环境的发展变化作出分析判断。

对于风险事件发生后对局部施工活动延误时间的计算,要根据工程实际情况进行。如发生了一个较大的质量事故,这个事故对局部施工活动延误时间的计算应包括:质量事故调查分析所要的时间、质量事故处理所要的时间和质量事故处理后验收所要的时间等。在合同管理和实行监理的建设环境下,质量事故对局部施工活动延误的时间一般应为发出暂停施工令到恢复施工令这段时间。又如,突发洪灾对工程局部施工活动延误时间的计算应包括计算恢复生产(施工)所需要的时间和恢复工程所需要的时间。

2. 风险事件对整个工程工期影响的估计

当风险事件对局部施工活动延误的时间确定后,就可借助关键线路法进行分析,以确定风险事件发生后对工程项目工期的影响程度。一般而言,对关键线路上的施工活动,其时间上的滞后即为工程项目工期滞后的时间;对非关键线路上的施工活动,其时间上的滞后,对工期是否有影响要作具体分析。对非关键线路上的某些施工活动,其完成时间虽有滞后,但对工程项目的正常完成可能没有影响。

三、费用损失的估计

费用损失的估计和风险发生概率的估计相比,在风险管理中占有同样重要的地位,特别是在风险决策分析中,费用损失估计不准,可能会导致相反的结果,选择完全不同的方案。对风险管理者而言,费用损失估计需要估计风险事件带来的一次性最大损失和对工程项目产生的总损失。

1. 一次性最大损失的估算

风险事件的一次性最大损失是指一次标的在最坏情况下可能发生的最大可能损失额。这一指标常常很重要,因为数额很大的损失若一次落在某一个工程项目上,项目可能因流动资金不足而终止,永远失去该项目可能带来的机会;而同样数额的损失,若是在较长的时间里,分几次发生,则项目班子可能会设法弥补,使工程项目能进行下去。

一次性最大损失应包括在同一时段发生的各类风险引起的损失之和,包括经济、工期、质量、安全和第三者责任等引起的损失。

2. 对项目整体造成损失的估计

工程项目风险发生后,经常会马上出现损失,这就是一次性的损失。对一些风险除这种一次性损失外,对后阶段项目的实施还会有损失。当然这种损失可能包括经济、工期、质量和安全等几方面。在进行风险决策、风险控制方案选择方面常常不仅需要估计项目风险事件发生后一次性的损失费用,还要估计这种损失对后阶段项目实施带来的其他损失。

3. 各种不同类型风险损失的具体估算

(1) 因经济因素而增加费用的估算。因经济因素而引起费用的增加，可直接用货币的形式来表现。这些因素包括价格、汇率、利率等的波动或工程建设资金筹措不当等。

(2) 赶工程进度而增加费用的估计。工程进度和经济问题密切相关，由赶工程进度而引起的费用包括两个方面：

① 资金的时间价值。进度风险的形成会对现金流造成影响，从而在利率作用下引起经济损失。

② 赶工的额外支出。为赶进度而增加的成本，包括建筑材料供应强度增加而增加的费用、工人加班而增加的人工费、机械使用费和管理费等的增加等。

(3) 处理质量事故而增加费用的估算。质量事故导致的经济损失包括直接经济损失，以及返工、修复、补救等过程发生的费用和第三者的责任损失。具体可分为以下全部或若干项：

① 建筑物、构筑物或其他结构倒塌或报废所造成的直接经济损失。

② 修补措施的费用。

③ 返工费用。

④ 引起工期拖延引起的损失。

⑤ 工程永久性缺陷对使用功能引起的损失。

⑥ 第三者责任引起的损失。

(4) 处理安全事故而增加费用的估算。处理安全事故而引起的损失包括：

① 伤亡人员的医疗或丧葬费用，以及补偿费用。

② 财产损失费用，包括材料、设备等的损失费用。

③ 引起工期延误带来的损失。

④ 为恢复正常实施而发生的费用。

⑤ 第三者责任引起的损失。

4. 工程项目风险损失估计中应注意的问题

工程项目风险损失估计是否科学合理，直接关系到风险评价或风险决策的结果。在工程项目风险损失估计时一般应注意下列问题：

(1) 有关工程损失费用的计算和原工程估价的计算口径最好要一致，包括基础单价标准、费率标准、工程的计量方法等。

(2) 当计算工程进度损失、质量和安全事故的费用损失时，一方面要考虑到直接损失和间接损失；另一方面要紧密结合工程的实际情况。因为不同工程的差异性很大,同样或类似的风险事件,对不同的施工条件或不同的工程结构,其经济损失相差甚远。

(3)在工程项目风险决策或风险控制措施选择等问题上,在计算不同方案的风险损失时,其方法要一致,计算参数选择、工程计量方法、基础单价标准等方面要统一,这样才有可比性,所得方案才是满足优化目标的方案。

第四节 风险估计的数学基础

在工程项目风险管理中,广泛收集和风险事件相关的资料数据进行加工处理,找出其规律,这是估计风险事件发生概率和损失的重要途径和方法。

在项目风险估计中,通常是用一定的概率模型来描述风险因素或风险事件所具有的不确定性。这种不确定性,一方面包含着风险因素或风险事件的不确定性,反映随机变量的实际变化;另一方面,也包含着随机变量统计过程中的不确定性。在工程项目风险事件发生概率的分析计算时,要在充分认识风险因素或风险事件不确定本质特性的基础上,寻求其统计规律性,求统计参数值,建立符合客观实际的概率模型。

一、风险估计的理论基础

1. 大数定理

大数定理为风险估计奠定了理论基础,它是指只要被观察的风险单位数量足够多,就可以对损失发生的概率、损失的严重程度给出一定的衡量度。且被观察的单位数越多,估计值就越准确。例如,某一承包商承建一项高层商用住宅工程,就这个项目而言,建筑工人在施工中发生高空坠落的风险有多大是不确定的,工程施工中发生部分结构坍塌的风险事故的可能性也是不确定的,但是从以往众多的类似工程项目的风险事故的统计经验来看,可以计算出平均的事故频率、每次事故的平均损失额度以及总损失额等。因此,该承包商即可以参照这些数值,对标的工程进行风险分析。

2. 概率推断原理

单个风险事件是随机事件,它发生的时间、空间、损失程度等都是不确定的。但就总体而言,风险事故的发生又呈现出某种统计的规律性。因此,采用概率论和数理统计方法,可以求出风险事故出现状态的各种概率。如运用二项分布、泊松分布可用来估计风险事件发生概率。

3. 类推原理

数理统计学为从部分去推断总体提供了非常成熟的理论和众多有效的方法。利用类推原理估计风险的优点在于,能弥补事故统计资料不足的缺陷。在实际上,进行风险估计时,往往没有足够的损失统计资料,且由于时间、经费等许多条件的限制,很难甚至不可能取得所需要的足够数量的损失资料。因此,根据事件的相似关系,从已掌握的实际资料出发,运用科学的估计方法而得到的数据可以基本符合实际情况,满足预测的需要。

4. 惯性原理

利用事物发展具有惯性的特征去估计风险,通常要求系统是稳定的。因为只有稳定的系统,事物之间的内在联系和基本特征才有可能延续下去。但实际上,系统的状态会受各种偶然因素的影响,绝对稳定的系统是不存在的。因此,在运用惯性原理时,要求系统处于相对稳定的状态。在实际中,当运用过去的损失资料来估计未来的状态时,一方面要抓住惯性发散的主要趋势;另一方面,还要研究可能出现的偏离和偏离程度,从而对估计结果进行适当的技术处理,使其更符合未来发展的实际结果。

二、数据加工处理

要对工程项目风险进行管理,保存和收集数据是不可缺少的环节。这些数据不仅是风险发生概率和风险损失计算的基础,而且是风险决策的直接依据。人们在掌握这些数据后一般首先是对其进行加工,即从收集来的数据资料出发,对其整理、分析,以了解数据的基本特点,从中找出某种规律性。通常数据加工的内容有:制作频率直方图与累积频率分布图,以及计算数据特征值。

(一)制作频率直方图与累积频率分布图

频率直方图和累积频率分布图的制作步骤如下:

1. 将数据排序,并计算级差。收集到的一批数据可能是杂乱无章的,因此首先要将这些数据 x_i 按从小到大进行排序。通过排序,即找到这批数据中的最大值 x_{max} 和最小值 x_{min},并得到这批数据级差。级差为一批数据中最大值 x_{max} 和最小值 x_{min} 之差,即 $x_{max} - x_{min}$。

2. 将数据分组。为表明一批数据大小分布的情况,可按数据的大小将其进行分组。某批数据进行分组的组数 k、组间距 h 和级差有如下关系:

$$h = \frac{x_{max} - x_{min}}{k} \tag{3-1}$$

一批数据的分组数 k 的选择与这批数据的样本个数 n 相关。可参考经验数据：当数据个数 n 为 50～100 个时，分为 5～10 组；当 n 为 100～200 个时，分为 7～12 组；也可参考下列 2 个公式。

对二项分布的总体，斯坦杰斯（Sturges）提出了计算 k 的公式

$$k = 1 + 3.32 \lg n \tag{3-2}$$

对正态分布的总体，用下式计算分组数 k 可能比较合理：

$$k = 1.87(n-1)^{0.4} \tag{3-3}$$

一般 h 值的精度可能比数据低一个数量级。应尽可能减少数据刚好落在组分界线上的机会。

3. 统计落在每组范围内的数据个数 m_i，并计算每组的频数 f_i。可采用"唱票"法统计落在每组范围内的数据个数 m_i，即频数，并由下式计算频率 f_i：

$$f_i = \frac{m_i}{n} \quad (i = 1, 2 \cdots k) \tag{3-4}$$

4. 画直方图。在频率 f_i 和数据值大小 x 的直角坐标系下面画直方图。首先确定第一组下界值。应注意使最小值 $x_{\min}$ 被包含在第一组中，且要防止数据正好落在各组组界上。故取第一组下界值为 $x_{\min} - h/2$，然后依次加组间距 h，即可得到各组上下界限值，最后一组应包含最大值 $x_{\max}$。

5. 累积频率分布图。有了每组的频率 f_i，在累积频率 F_i 和数据值大小 x 的直角坐标系下，类似于直方图的画法，可得到累积频率 $F(x)$ 分布图。

图 3-4 和图 3-5 分别表示某一风险因素的频率直方图和累积频率分布图。

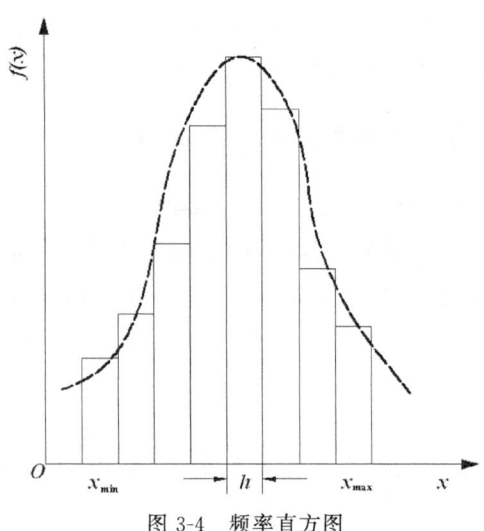

图 3-4　频率直方图

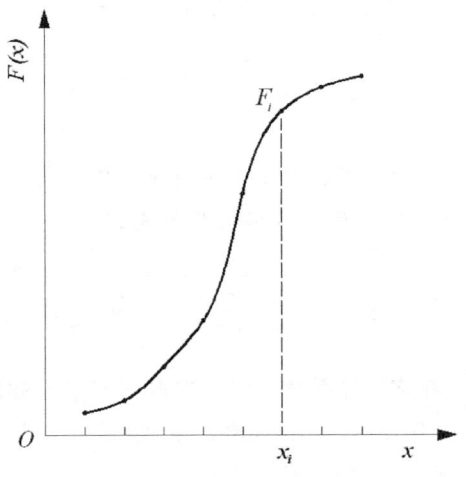

图 3-5 累积频率分布图

(二)计算数据特征值

频率直方图和累积频率分布图实际上是样本数据的分布规律性的反映。此外,在数据统计中还经常用某些特征数字来反映样本数据的各种性质。

1. 位置特征数字

位置特征数字反映了样本数据的集中位置,它们有均值、中位数等。

(1) 均值,即为数据 x_i 的简单算数平均值 $\bar{x}$,其计算公式为

$$\bar{x} = \frac{1}{n}\sum_{i=1}^{n} x_i \tag{3-5}$$

(2) 中位数 $\tilde{x}$。当数据 x_i 从大到小或从小到大排序后,简言之中位数 $\tilde{x}$ 是位于中间的数,严格可用下式定义:

$$\tilde{x} = \begin{cases} x_{\frac{n+1}{2}}, & (n \text{ 为奇数}) \\ \frac{1}{2}\left(x_{\frac{n}{2}} + x_{\frac{n}{2}+1}\right), & (n \text{ 为偶数}) \end{cases} \tag{3-6}$$

2. 离散程度的特征数字

离散程度的特征数字反映样本中数据波动幅度的大小,它们有极差、方差或标准差、离差系数等。

(1) 极差:为样本数据中最大者和最小者之差,即 $x_{\max} - x_{\min}$。

(2) 方差或标准差：方差或标准差分别用 σ^2 和 σ 表示。σ 用下式计算：

$$\sigma = \sqrt{\frac{1}{n}\sum_{i=1}^{n}(x_i - \overline{x})^2} \tag{3-7}$$

然而，方差 σ^2 或标准差 σ 是总体方差或标准差的有偏估计。总体方差或标准差的无偏估计分别用 S^2 和 S 表示，S 的计算公式为

$$S = \sqrt{\frac{1}{n-1}\sum_{i=1}^{n}(x_i - \overline{x})^2} \tag{3-8}$$

(3) 离差系数 C_v，亦称变异系数。样本数据的方差或标准差描述了样本数据的绝对波动性。在风险管理中，为了对比方便，经常用到样本数据标准差的相对值，这就是样本离差系数 C_v。常将其定义为

$$C_v = \frac{S}{\overline{x}} \tag{3-9}$$

3. 两个随机变量相关特征数字

工程项目风险管理中经常会遇到 2 个或 2 个以上随机变量的问题。对于 2 个随机变量 (X,Y)，除了仿照一个随机变量分别研究其均值、方差和离散系数等特征数字外，一般还需讨论其相关的数字特征值，这就是协方差 $S(XY)$ 和相关系数 ρ_{xy}。协方差 $S(XY)$ 的计算式为

$$\begin{aligned}S(XY) &= \frac{1}{n}\sum_{i=1}^{n}\{(x_i - \overline{x})(y_i - \overline{y})\} \\ &= \frac{1}{n}\sum_{i=1}^{n}x_i y_i - \overline{xy}\end{aligned} \tag{3-10}$$

相关系数 ρ_{xy} 的计算式为

$$\rho_{xy} = \frac{S(XY)}{\sqrt{S(XX)S(YY)}} \tag{3-11}$$

式中，

$$S(XX) = \frac{1}{n}\sum_{i=1}^{n}(x_i - \overline{x})^2 = \frac{1}{n}\sum_{i=1}^{n}x_i^2 - \overline{x}^2$$

$$S(YY) = \frac{1}{n}\sum_{i=1}^{n}(y_i - \overline{y})^2 = \frac{1}{n}\sum_{i=1}^{n}y_i^2 - \overline{y}^2$$

相关系数 ρ_{xy} 具有下列性质：
(1) $|\rho_{xy}| \leqslant 1$。
(2) 若随机变量 X 与 Y 不相关，则 $\rho_{xy}=0$。
(3) $|\rho_{xy}|=1$ 的充要条件是随机变量 X 与 Y 依概率 1 线性相关。

相关系数实质上表示 2 个随机变量之间线性相关的程度。所谓线性相关，就是当一个变量的取值增大时，另一个变量的取值有按线性关系增大（$\rho_{xy}>0$）或减小（$\rho_{xy}<0$）的趋势；当 ρ 越接近于 1 或 -1 时，这种趋势越明显。当 $\rho_{xy}=0$ 时，称随机变量 X 与 Y 互不相关。当随机变量 X 与 Y 独立时，它们一定是不相关的，但其逆不正确。

三、常用的风险损失概率分布模型

本节主要介绍在工程项目风险管理中经常用到的概率分布及其数字特征值的计算。

（一）常用连续型概率分布

1. 均匀分布 $U(a,b)$
(1) 密度函数

$$f(x)=\begin{cases} \dfrac{1}{b-a}, & a \leqslant x \leqslant b \\ 0, & \text{其他} \end{cases} \tag{3-12}$$

(2) 分布函数

$$F(x)=\begin{cases} 0, & x<a \\ \dfrac{x-a}{b-a}, & a \leqslant x \leqslant b \\ 1, & x>b \end{cases} \tag{3-13}$$

式（3-12）和式（3-13）中：a 和 b 为实数，且 $a<b$；a 为位置参数；$b-a$ 是比例参数。

(3) 均值：

$$\mu = \frac{a+b}{2} \tag{3-14}$$

(4) 方差：

$$\sigma^2 = \frac{(b-a)^2}{12} \tag{3-15}$$

均匀分布是误差分析中常用的分布之一,在工程项目风险分析中,其在统计仿真蒙特卡罗方法中占有重要的地位。

2.正态分布($X \sim N(\mu,\sigma^2)$)

根据概率论原理可知,随着独立事件数量的增加,二项分布将逼近于正态分布。在风险管理中,很多随机事件受到许多互不干扰的随机因素的影响,而每个个别因素的影响都不起到决定性作用,使其影响是可以叠加的。例如,某一分项工程质量受设计的合理性、建筑材料、施工现场管理、建筑工人和技术人员的素质等因素的随机变动的影响,因为这些因素在正常状态下是互不干扰的,每一因素对工程质量的影响不起决定性作用,但它们可以叠加。

若随机变量符合三个特征,即随机事件受到许多互不干扰的随机因素的影响、每个个别因素的影响都不起决定性作用、个别因素的影响可以相互叠加,则该随机变量服从正态分布。

(1)概率密度函数

$$f(x) = \frac{1}{\sqrt{2\pi}\sigma} e^{-(x-\mu)^2/(2\sigma^2)}, \quad -\infty < x < \infty \tag{3-16}$$

式中,μ 和 σ^2 分别为均值和方差。正态分布函数曲线如图3-6所示。

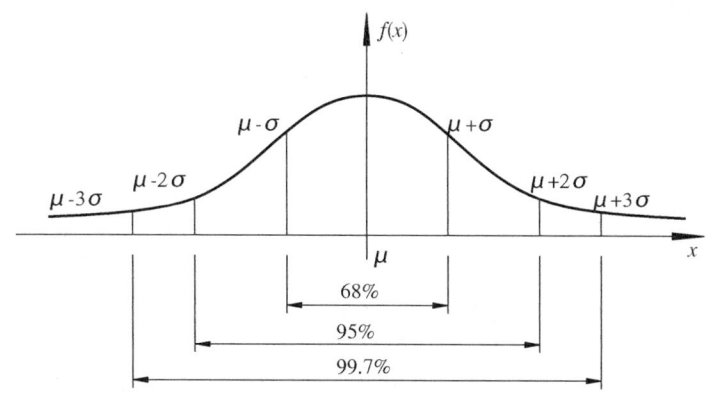

图3-6 正态分布图示

(2)分布函数

$$F(x) = \frac{1}{\sqrt{2\pi}\sigma} \int_{-\infty}^{x} e^{-(y-\mu)^2/(2\sigma^2)} dy \tag{3-17}$$

特别是,当 $\mu=0, \sigma=1$ 时,正态分布称为标准正态分布,记为 $N(0,1)$。标准

正态分布的分布函数记为

$$\Phi(x) = \frac{1}{\sqrt{2\pi}} \int_{-\infty}^{x} e^{-y^2/2} dy \tag{3-18}$$

式中，$\Phi(x)$ 称为拉普拉斯函数，可由正态分布表查得。

正态分布的标准差 σ 和概率值 P 的一些特殊值在工程项目风险管理中会有直接应用，它们是：

$$P(\mu-\sigma < x \leqslant \mu+\sigma) = \Phi(1) - \Phi(-1) = 0.683$$
$$P(\mu-2\sigma < x \leqslant \mu+2\sigma) = \Phi(2) - \Phi(-2) = 0.954$$
$$P(\mu-3\sigma < x \leqslant \mu+3\sigma) = \Phi(3) - \Phi(-3) = 0.997$$

这些值如图 3-6 所示。

在风险损失分布逼近正态分布的过程中，把损失分布假设为正态分布的分析方法存在三个主要的局限。第一，正态分布假设建立在中心极限定理的基础上，而此定理只是简单描述风险事件数量趋于无穷大时的趋势，这在实在工作中很难做到。第二，在很多情况下，各个风险事件的损失并不是相互独立的。第三，采用正态分模式，不利对单个事件进行估计。尽管如此，无论在理论上，还是在实际中，正态分布在工程项目风险管理中都起着非常重要的作用，在各种分布的应用中居于首位。

3. 极值分布（Ⅰ型）$G(\nu,\alpha)$

（1）概率密度函数

$$f(x) = \alpha e^{-\alpha(x-\nu) - e^{-\alpha(x-\nu)}} \tag{3-19}$$

式中，ν 为位置参数，α 为比例参数。

（2）分布函数

$$F(x) = e^{-e^{-\alpha(x-\nu)}} \tag{3-20}$$

（3）均值：

$$\mu = \nu + \frac{0.5772}{\alpha} \tag{3-21}$$

（4）方差：

$$\sigma^2 = \frac{1.64493}{\alpha^2} \tag{3-22}$$

极值分布指的是 n 次观测中的极大值或极小值的概率分布，它有 3 种可能的渐近极值分布，其中极值分布（Ⅰ型）为指数原型极值分布，在气象、水文和地震的风险分析中得到广泛应用。

(二)常数离散型概率分布

1. 伯努利分布 Ber(p)

(1) 分布律:

$$p(x)=\begin{cases}1-p, & x=0\\ p, & x=1\\ 0, & 其他\end{cases} \quad (3-23)$$

(2) 分布函数:

$$F(x)=\begin{cases}0, & x<0\\ 1-p, & 0\leqslant x<1\\ 1, & 其他\end{cases} \quad (3-24)$$

(3) 均值:

$$\mu=p \quad (3-25)$$

(4) 方差:

$$\sigma^2=p(1-p) \quad (3-26)$$

伯努利随机变量是伯努利试验的结果,只有 2 个取值,用 1 代表成功,用 0 代表失败。

2. 二项分布($X \sim B(n,p)$)

二项分布是离散型随机变量概率分布模型,适用于独立地重复 n 次试验,每次试验只出现两种结果。假设任何一个时间点上事件 A 发生的概率为 p,那么该事件不发生的概率为 $q=1-p$,通过二项分布可以计算在 n 次试验中事件 A 出现 k 次的概率。

(1) 分布律:

$$\begin{cases}p(k)=P(x=k)=C_n^k p^k q^{n-k}\\ C_n^k=\dfrac{n!}{k!(n-k)!}\end{cases}, \quad k=0,1,2\cdots n \quad (3-27)$$

(2) 分布函数:

$$F(x)=\begin{cases}0, & x<0\\ \sum_{i=0}^{x}C_n^i p^i q^{n-i}, & 0\leqslant x<n\\ 1, & x\geqslant n\end{cases} \quad (3-28)$$

（3）均值：
$$\mu = np \tag{3-29}$$

（4）方差：
$$\sigma^2 = npq = np(1-p) \tag{3-30}$$

当事件发生的概率和试验次数取不同的值时，二项分布的分布律是不同的，如图 3-7 所示。

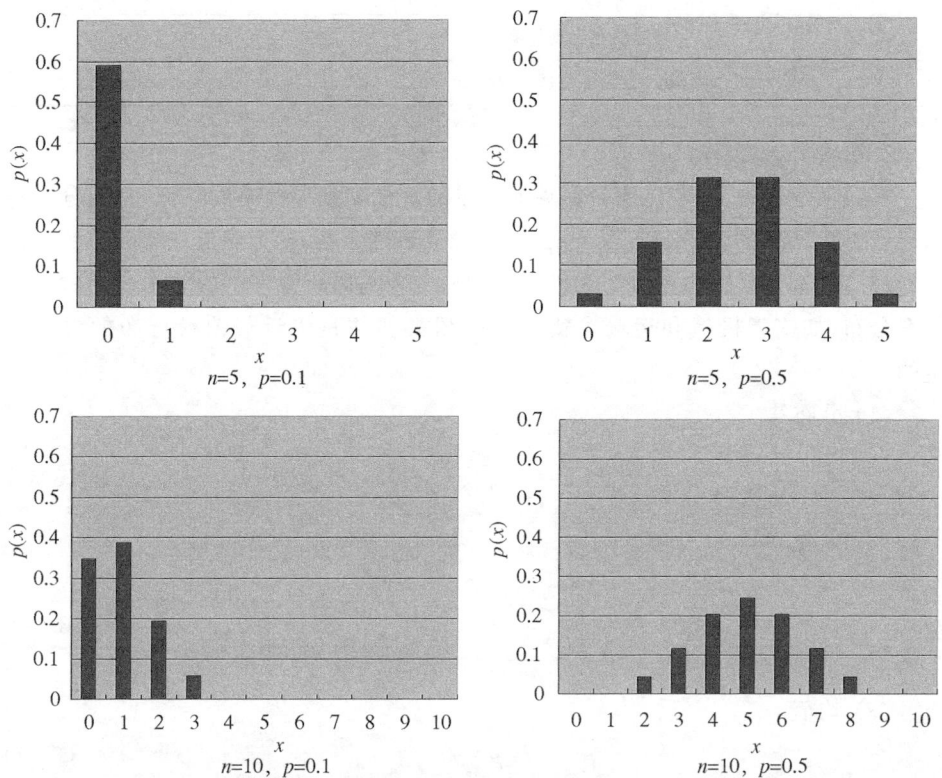

图 3-7 二项分布的分布律

当风险事件发生规律符合二项分布时，利用二项分布概率公式可以计算风险事件发生 k 次时的概率。

例 3-4 某施工现场有 100 台重要的施工机械，假设这些机械的动作是相互独立的，并且从承包商历年的施工机械出现风险的历史经验来看，每台设备因出现事故而受到比较严重经济损失的概率为 0.01，参照二项分布，可以查出相关的概率分布规律，如表 3-4 所示。

表 3-4　　　　　　　　　　　　　故障概率

机械损失情况	出现概率
0 台机械出现故障	0.366%
1 台机械出现故障	0.370%
2 台机械出现故障	0.185%
3 台机械出现故障	0.061%
4 台机械出现故障	0.015%
5 台及 5 台以上机械出现故障	0.003%

3. 泊松分布（$X \sim P(\lambda)$）

在二项分布中,随着风险暴露单元数量的增加和损失概率的降低,二项分布将趋于以 λ 为参数的泊松分布（$\lambda = np$，n 为独立事件个数,p 为服从二项分布的事件 A 出现的概率）,且以泊松分布为极限。泊松分布是风险管理中的非常有用的理论概率分布,如施工机械和运输车辆的事故损失往往是以近似泊松分布的方式发生的。

（1）分布律

$$p(k) = P(x = k) = \frac{\lambda^k e^{-\lambda}}{k!}, k = 0, 1, 2 \cdots n \tag{3-31}$$

（2）分布函数

$$F(x) = \begin{cases} 0, & x < 0 \\ e^{-\lambda} \sum_{i=0}^{x} \frac{\lambda^i}{i!}, & x \geqslant 0, \lambda > 0 \end{cases} \tag{3-32}$$

（3）均值

$$\mu = \lambda \tag{3-33}$$

（4）方差

$$\sigma^2 = \lambda \tag{3-34}$$

可以证明,当 n 很大时,二项分布可以近似地看作是以 $\lambda = np$ 为参数的泊松分布。因此,当 n 很大,且 p 较小时,可用泊松分布来近似替代二项分布来进行计算。用泊松分布函数较简单,故这一结论在工程项目质量风险投资中经常使用。

从风险管理的角度看,当相互独立的风险暴露单元的存在数量超过 50 个,且当任何一项的风险暴露单元的损失概率不超过 0.1 时,泊松分布达到理想状态。泊松分布律如图 3-8 所示。

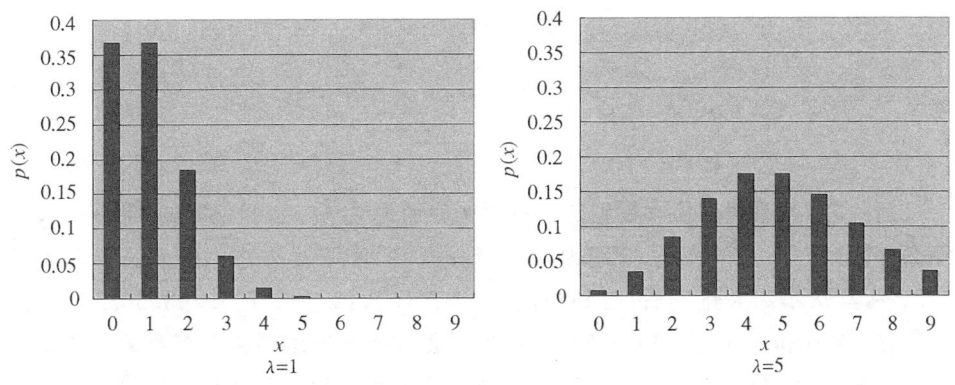

图 3-8 泊松分布的分布律

(三) 经验概率分布

当不能得到足以拟合理论分布的实测数据时,可用所得实测数据直接确定其概率分布,即所谓经验概率分布。在模拟仿真时,可由经验概率分布进行随机抽样。建立经验分布函数的方法很多,这里仅介绍常用的两种。

1. 阶梯形经验分布

对给定原始数据 $x_1, x_2 \cdots x_n$ 的实际值,按递增方式排列、编号,即 $x_1 \leqslant x_2 \leqslant \cdots \leqslant x_n$,则阶梯形经验分布函数为

$$F_n(x) = \begin{cases} 0, & x \leqslant x_1 \\ \dfrac{i}{n}, & x_i < x \leqslant x_{i+1} \\ 1, & x_n < x \end{cases} \quad (3-35)$$

式中:n 为样本量,$i = 1, 2 \cdots n-1$。式(3-35)的分布曲线为阶梯形,因此而得名。

2. 逐段线性连续经验分布

将阶梯形经验分布进行逐段线性内插,可得逐段线性连续分布函数。

$$F(x) = \begin{cases} \dfrac{1}{n} + \dfrac{x - x_i}{n(x_{i+1} - x_i)}, & x_i < x \leqslant x_{i+1}, i = 0, 1 \cdots n-1 \\ 1, & x_n < x \end{cases} \quad (3-36)$$

当设 $x_0 = 0$,由式(3-36)可得下列逐段线性连续经验分布函数。

当 $x < x_1$ 时,$F_n(x) = 0$,内插从 x_1 开始,其逐段线性连续经验分布函数为

$$F(x)=\begin{cases}0, & x\leqslant x_i\\ \dfrac{i-1}{n-1}+\dfrac{x-x_i}{(n-1)(x_{i+1}-x_i)}, & x_i<x\leqslant x_{i+1}, i=0,1\cdots n-1 \quad (3\text{-}37)\\ 1, & x_n<x\end{cases}$$

例 3-5 某工程项目收集到的项目所在地近 10 年($n=10$)地震的实测资料,每年测得的最大地震震级 x_i 分别为:4.0、2.3、5.0、3.3、3.5、4.2、2.7、6.0、3.2 和 4.7。将其从小到大排序后,得到相应 x_i 则次序为:2.3、2.7、3.2、3.3、3.5、4.0、4.2、4.7、5.0 和 6.0。按式(3-37)计算,得到逐段线性连续经验分布函数。若 $x=3.0$,即 $x_{(2)}(2.7)<x<x_{(3)}(3.2)$,按式(3-37)可求得 $F(3.0)=1.6/9$。

第五节 分布类型的选择

在工程项目风险发生概率的模拟仿真分析中,首先要由给定的随机变量的概率分布去生成随机量,然后进行计算。此外,选择什么样的随机变量概率分布至关重要,直接关系到分析计算的精确程度。可以毫不夸张地说,任何概率模型的误差通过提高计算方法的精度都是无法弥补的。

风险发生概率的分析计算中,选择概率分布的主要依据是对风险因素特征和属性的认识,以及实际占有的数据。一般而言,首先应根据对风险因素产生过程的认识,选择整体上比较适宜的概率分布;其次根据所掌握的实际数据,进一步确定该分布的参数。

数据在选择概率分布的过程中起决定性的作用。有了足够的数据,就可较好地去选择概率分布,起码可以做出经验分布。即使根据常规或经验可以方便地确定概率分布,但一般还需用数据去检验所选择的概率分布的正确性或根据数据去确定其参数。

事实上,较精确地选择概率分布并不是一件简单的事情,需要借助于一些方法去推定。此处介绍两种简单的方法。

一、直方图法

直方图的制作方法和一些特点在前文作了介绍。直方图实质上是相应于所获数据 $x_1、x_2、x_3\cdots x_n$ 密度函数的图形估计方法。在数据量较大的情况下,它能以很大的概率接近随机变量的密度函数。根据直方图的形状,可找到与其相近的连续分布的密度函数的曲线。该方法较简单,不受分布形状的限制,而且很直观,因此应用较多。

二、概率图法

直方图法是根据估计的密度曲线的形状来估计理论分布,概率图法则是根据经验分布函数来估计理论分布函数。

一般由经验分布曲线估计理论分布曲线要比用直方图方法由经验密度曲线估计理论密度曲线困难。因为连续分布函数的分布曲线几乎均是"S"形的,不同分布没有明显的差别。但概率纸就不同了。概率纸的横坐标是实际数据,纵坐标是累积概率,其横坐标和纵坐标的刻度不一定是均匀的,而是根据分布函数构造的。对不同类型概率分布横坐标和纵坐标的刻度可能是不一样的,其目的是要使不同类型的概率分布曲线在概率纸上总是一直线,以便于观察分析。

概率图法的具体步骤如下:

1. 估计累积概率分布。由原始数据估计累积概率分布的方法为:

(1) 将原始数据 x_i 从小到大进行排序、编号,得到:

$$x_1 \leqslant x_2 \leqslant x_3 \leqslant \cdots \leqslant x_n$$

(2) 计算对应于 x_i 的累积概率 $F(x_i)$。当实际数据量 n 较大时,用下式计算:

$$F(x_i) = \frac{i}{n} \tag{3-38}$$

当实际数据量 n 较小,如 $10 \leqslant n < 20$ 时,可考虑用下式计算 $F(x_i)$。

$$F(x_i) = \frac{i - 0.3}{n + 0.4} \tag{3-39}$$

当实际数据量 n 很小,如 $n < 10$ 时,用下式计算 $F(x_i)$ 可能较适当:

$$F(x_i) = \frac{i - 0.5}{n} \tag{3-40}$$

当实际数据量 n 较小时,更多的人喜欢用下式计算 $F(x_i)$,因其简单。

$$F(x_i) = \frac{i}{n + 1} \tag{3-41}$$

2. 选择适当概率纸。根据项目风险因素数据,估计其总体分布,选择适当的概率纸。若估计分布分别是正态分布、对数正态分布、指数分布或极值分布时,则分别应选择对应的正态概率纸、对数正态概率纸、指数概率纸或极值概率纸。

3. 将实际数据点绘在概率纸内,观察其是否按直线排列。若实际数据点在概率纸内基本按直线排列,则选定概率纸所对应的分布和实际分布基本符合;若实际数据点在概率纸内不是按直线排列,则选定概率纸所对应的分布和实际分布不相符。

4. 求概率分布的特征值。当实际数据点在概率纸内按直线排列时,通过观察可得拟合直线的参数,进而得到概率分布的特征值。不同概率分布的拟合曲线方程及其参数见表 3-5。

表 3-5　　　　常见几种概率分布的拟合曲线方程及其参数

概率分布	横坐标	纵坐标	拟合直线方程	斜率	截距
正态分布: $F(x)=\Phi\left(\dfrac{x-\mu}{\sigma}\right)$	x	$\Phi^{-1}[F(x)]$	$x=\mu+\sigma\Phi^{-1}[F(x)]$	$\dfrac{1}{\sigma}$	$-\dfrac{\mu}{\sigma}$
对数正态分布: $F(x)=\Phi\left(\dfrac{\ln x-\mu}{\sigma}\right)$	$\ln x$	$\Phi^{-1}[F(x)]$	$\ln x=\mu+\sigma\Phi^{-1}[F(x)]$	$\dfrac{1}{\sigma}$	$-\dfrac{\mu}{\sigma}$
指数分布: $F(x)=1-e^{-\lambda x}$	x	$\ln\dfrac{1}{1-F(x)}$	$\lambda x=\ln\dfrac{1}{1-F(x)}$	λ	0
极值分布: $F(x)=\exp\{-\exp[-\alpha(x-\upsilon)]\}$	x	$-\ln\ln\dfrac{1}{F(x)}$	$y=\alpha(x-\upsilon)$ $=-\ln\ln\dfrac{1}{F(x)}$	α	$-\alpha\upsilon$

注:$\Phi(\ )$为标准正态分布函数;$\Phi^{-1}(\ )$为标准正态分布函数的反函数。

例 3-6　由例 3-5 数据,试分析分布函数及其参数。

解

第一步:将 10 个数据从小到大进行排序,见表 3-6。

第二步:用式(3-37)计算对应于实测资料 x_i 的累积概率 $F(x_i)$ 的估计值 $\hat{F}(x_i)$,见表 3-6。

第三步:选择概率纸。估计总体为极值分布,因而选择极值概率纸。

第四步:把表 3-6 中的数据 $[x_i,\hat{F}(x_i)]$ 点绘在极值概率纸上,见图 3-9,并观察数据点的排列是否呈直线。从图 3-9 可见,各数据点大致排在一条直线上。因此可认为此数据服从极值分布。

第五步:求极值分布参数 υ 和 α 的估计值 $\hat{\upsilon}$ 和 $\hat{\alpha}$。沿图中右侧纵轴 $y=0$,或左侧纵轴 $F(x)=0.368(36.8\%)$的水平虚线找到其与拟合线(图中斜线)的交点,在横轴 x 上读取该交点的坐标值 $\hat{\upsilon}$,$\hat{\upsilon}=3.4$。在图 3-9 上,取 $x=6$,查得 $y=2.57$。

由表 3-5 中 $y=\hat{\alpha}(x-\hat{\upsilon})$得到

$$\hat{\alpha}=y/(x-\hat{\upsilon})=2.57/(6-3.4)=0.988$$

第六步：求极值分布均值 μ 和 σ 的估计值 $\hat{\mu}$ 和 $\hat{\sigma}$。由式(3-21)和式(3-22)得

$$\hat{\mu} = \hat{v} + \frac{0.5772}{\hat{\alpha}} = 3.4 + \frac{0.5772}{0.988} = 3.984$$

$$\hat{\sigma} = \frac{1.28255}{\hat{\alpha}} = 1.298$$

表 3-6　　　　　实测资料 x_i 对应的累积概率的估计值 $\hat{F}(x_i)$

i	1	2	3	4	5	6	7	8	9	10
x_i	2.3	2.7	3.2	3.3	3.5	4.0	4.2	4.7	5.0	6.0
$\hat{F}(x_i)(\%)$	6.7	16.2	25.9	35.5	45.2	54.8	64.5	74.1	83.8	93.3

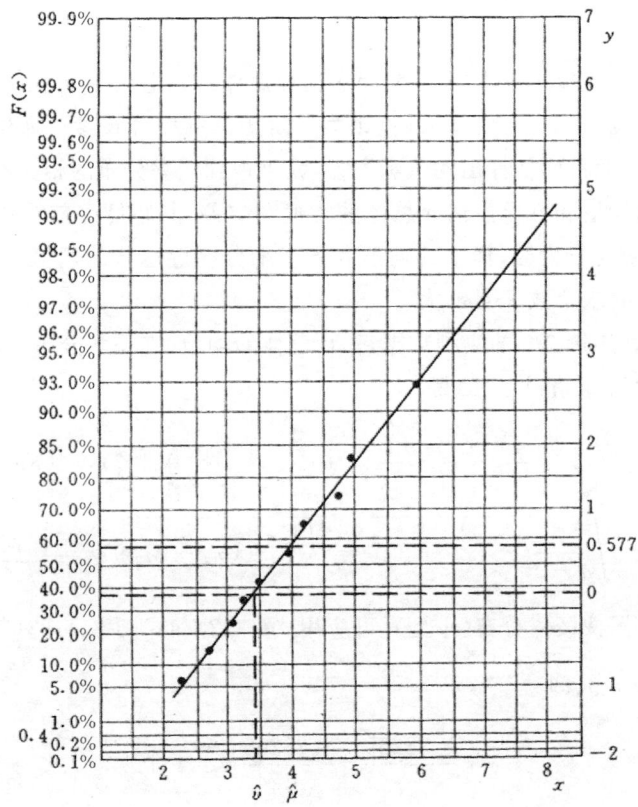

图 3-9　极值概率纸

第六节 参数估计与分布函数的检验

一、参数估计

随机变量通常是用其分布及其参数去描述的,在风险管理中风险因素或事件的分布及其参数是未知的,需要去估计。参数估计的任务是在概率分布类型基本确定后,根据样本数据对分布的参数作出估计。上节中的概率图法分布估计及其参数估计可以一起解决,但直方图等分布估计的方法就不能估计分布的参数了。

参数估计分点估计和区间估计。点估计是直接根据实际数据去确定估计值的方法,而点估计中又分为矩法和极大似然法。本节主要介绍这两种参数的估计方法。

1. 矩法

矩法估计是直接用样本的 K 阶矩去估计总体的 K 阶矩的方法。在统计学中,将样本集合的均值称为一阶矩,方差则为二阶矩。概率分布参数通常和均值及方差有关,因此一般只要估计出均值和方差,就可得到概率分布的相关参数。

用样本的均值和方差去估计总体的均值和方差,其精度显然和样本个数 n 的多少有关,当 n 充分大时,样本的均值和方差十分接近总体的均值和方差。因此,使用矩法一般要求个数 n 足够大。

例 3-7 利用例 3-5 的实测数据,估计总体的均值、方差和分布参数。

解 由式(3-5)和式(3-8)得

$$\hat{\mu} = \bar{x} = \frac{1}{n}\sum_{i=1}^{n} x_i = \frac{1}{10}(4.0 + 2.3 + \cdots + 4.7) = 3.89$$

$$\hat{\sigma} = \sqrt{\frac{1}{n-1}\sum_{i=1}^{n}(x_i - \bar{x})^2} = \sqrt{\frac{1}{9}\sum_{i=1}^{10}(x_i - 3.89)^2} = 1.124$$

考虑到数据按极值分布(Ⅰ型),可应用式(3-22)和式(3-21)计算其参数 α,v 相对应的估计值 $\hat{\alpha}、\hat{v}$,即

$$\hat{\alpha} = \frac{1.28255}{\hat{\sigma}} = \frac{1.28255}{1.124} = 1.141$$

$$\hat{v} = \hat{\mu} - \frac{0.5772}{\hat{\alpha}} = 3.89 - \frac{0.5772}{1.141} = 3.38$$

本例样本个数 n 较小,显然,上述结果与概率图法相比有一点误差。

2.极大似然法

极大似然法是参数估计的另一种常用方法,其可直接计算概率分布参数的估计值。由矩法估计参数时,并不需要知道概率分布,而是用样本的矩去估计总体的矩。极大似然法则要求已知概率分布,然后用总体的概率密度函数及样本提供的数据来估计参数。从理论上讲,极大似然法的估计精度要比矩法高。

设总体随机变量 X 的密度函数 $f(x;\theta_j)$ 为已知,只含参数 θ_j 为未知,其中 $j=1,2,\cdots,m$。由于实测数据样本 $x_1,x_2,\cdots,x_n$ 的独立性,可得到样本 $x_1,x_2,\cdots,x_n$ 的联合概率密度函数为 $\prod_{i=1}^{n}f(x_i;\theta_j)$,称其为似然函数,并记为

$$L(x_1,x_2,\cdots,x_n;\theta_1,\theta_2,\cdots,\theta_n)=\prod_{i=1}^{n}f(x_i;\theta_j) \quad (3\text{-}42)$$

极大似然法的基本原理就是选取样本数据 $x_1,x_2,\cdots,x_n$ 出现概率最大时的 $\hat{\theta}_j(x_1、x_2\cdots x_n)$ 作为总体未知数的估计值,即总体参数应是什么值时,实测数据是来自总体的可能性最大。显然,该问题实质是对似然函数(即式(3-42))求极值。若 $\theta_1、\theta_2\cdots\theta_m$ 的值使式(3-42)取得极值,必须满足下列方程组:

$$\frac{\partial L(x_1,x_2,\cdots,x_n;\theta_1,\theta_2,\cdots,\theta_m)}{\partial \theta_j}=0,j=1,2,\cdots,m \quad (3\text{-}43)$$

由于 $\ln x$ 是 x 的增函数,在同一 θ 处取得极值,因此 θ 也可由下式求得,这常常较直接用式(3-43)来得方便。

$$\frac{\partial \ln L(x_1,x_2,\cdots,x_n;\theta_1,\theta_2,\cdots,\theta_m)}{\partial \theta_j}=0,j=1,2,\cdots,m \quad (3\text{-}44)$$

用极大似然法得到的参数 θ 的估计值 $\hat{\theta}$ 与实测资料样本 $x_1,x_2,\cdots,x_n$ 的取值有关,记作 $\hat{\theta}=\hat{\theta}(x_1,x_2,\cdots,x_n)$,称其为 θ 的极大似然法估计值。

二、分布函数检验

在工程项目风险分析中,经常使用样本的分布来代替总体的分布,其方法有点估计法、直方图法和概率图法,已在前面作了介绍。这些方法直观、简单,但其精度较低。因此对于一些精度要求较高的风险发生概率的分析,如风险事件发生概率并不大,但若发生其损失很大的情况,就需要数值的统计分析方法对这种假设(粗略估计的)分布的合理性进行检验。假设检验的总的思路为:

(1)给定分布;
(2)选取适当检验水平;

(3) 确定检验用的统计量;

(4) 按实测数据计算统计量;

(5) 作出判断,即作为拒绝或接受假设分布的判断。

分布函数假设检验方法有多种,此处仅介绍 χ^2 检验和 D_n 检验。

1. χ^2 检验

χ^2 检验是分布函数假设检验常用的方法,是用来检验总体是否服从某一预先假设或估计的分布函数 $F_0(x)$ 的。χ^2 检验的具体步骤如下:

(1) 根据样本值,把 $(-\infty,\infty)$ 分成 k 个子区间,即 $-\infty=a_0<a_1<a_2<\cdots<a_k=\infty$。

(2) 统计样本 $x_1,x_2,\cdots,x_n$ 落在子区间 (a_{i-1},a_i) 的实际频数 $m_i,i=1,2,\cdots,k$。

(3) 当假设 $F(x)=F_0(x)$ 为真,计算总体 X 落在各子区间 (a_{i-1},a_i) 中的理论概率 $p_1=P(X\leqslant a_1)=F_0(a_1)\cdots p_i=P(a_{i-1}\leqslant X<a_i)=F_0(a_i)-F_0(a_{i-1}),i=1,2,\cdots,k$。从而得到样本 $x_1,x_2,\cdots,x_n$ 落在个子区间 (a_{i-1},a_i) 中的理论频数 $np_i,i=1,2,\cdots,k$。

(4) 作统计量 χ^2,即

$$\chi^2=\sum_{i=1}^{k}\frac{(m_i-np_i)^2}{np_i} \tag{3-45}$$

可以证明,当 $n\to\infty$,统计量 χ^2 服从自由度 $f=k-1$ 的 χ^2 分布时,假设成立。自由度的确定:如果分布的参数均不是用数据估计的,则自由度为 $f=k-1$;每由数据估计一个参数,则减少一个自由度。

(5) 给出检验水平 α,查自由度为 $k-1$、显著性水平为 α 的 χ^2_α 的临界值。

(6) 将样本 $x_1,x_2,\cdots,x_n$ 所得的 m_i 及 $np_i(i=1,2,\cdots,k)$ 代入式(3-45),计算统计量 χ^2。

(7) 作出判断。若 $\chi^2>\chi^2_\alpha$,则拒绝假设,即认为总体分布 $F(x)$ 与估计分布 $F_0(x)$ 不符;若 $\chi^2\leqslant\chi^2_\alpha$,则接受假设,即认为总体分布 $F(x)$ 与估计分布 $F_0(x)$ 相符。

χ^2 检验对样本容量 n 要求较高,一般要求 $n>50$,且 $np_i\geqslant 5$。

例 3-8 对 200 件混凝土构件的抗压强度进行风险分析,其数据的分组情况见表 3-7。

表 3-7 抗压强度数据分组成表

抗压强度区间(MPa)	频数 m_i	抗压强度区间(MPa)	频数 m_i
26.95~27.25	3	28.45~28.75	20
27.25~27.55	4	28.75~29.05	18

续表

抗压强度区间(MPa)	频数 m_i	抗压强度区间(MPa)	频数 m_i
27.55～27.85	9	29.05～29.35	7
27.85～28.15	15	29.35～29.65	4
28.15～28.45	18	29.65～29.95	2

假设抗压强度服从正态分布,要求在给定显著性水平 $\alpha=0.05$ 的条件下,检验抗压强度的分布。

解 总体 μ 和 σ 为未知,用下式估计之:

$$\hat{\mu} = \frac{1}{n}\sum_{j=1}^{n}\bar{x}_j m_j$$

$$= \frac{1}{100}(27.1\times 3 + 27.4\times 4 + \cdots + 29.8\times 2)$$

$$= 28.438$$

$$\hat{\sigma} = \sqrt{\frac{1}{n}\sum_{j=1}^{n}\left[(\bar{x}_j - \bar{u})^2 m_j\right]}$$

$$= \sqrt{\frac{1}{100}\left[(27.1-28.438)^2\times 3 + (27.4-28.438)^2\times 4 + \cdots + (29.8-28.838)^2\times 2\right]}$$

$$= 0.587$$

在检验假设 $F(x)$ 服从 $N(28.438, 0.587^2)$ 分布是否成立。其步骤如下:

(1) 划分子区间:$-\infty < 26.95 < \cdots < 29.95 < \infty$。

(2) 统计实际频数,此处为已知条件。

(3) 计算每个区间的理论概率值

$$p_i = P(a_{i-1} < \xi \leq a_i) = \Phi(u_i) - \Phi(u_{i-1}), i=1,2\cdots 10。$$

其中,$u_i = \dfrac{a_i - \hat{\mu}}{\hat{\sigma}}$,$\Phi(u_i) = \dfrac{1}{\sqrt{2\pi}}\int_{-\infty}^{u_i} e^{-\frac{t^2}{2}}dt$

(4) 计算统计量 χ^2。$\chi^2 = \sum_{i=1}^{k}\dfrac{(m_i - np_i)^2}{np_i}$,采用列表计算方法计算 χ^2 的值,结果如表 3-8。

(5) 在显著性水平 $\alpha=0.05$ 下,查自由度 $k=10-1-2=7$ 的 χ^2 分布表,得到 $\chi^2_{0.95}(7) = 14.067$。

(6) 判断。又借助于表 3-8 计算进行计算,得到 $\chi^2 = 13.638$,显然有 $\chi^2 < \chi^2_{0.95}(7) = 14.067$,故假设 $F(x)$ 服从 $N(28.438, 0.587^2)$ 分布是成立的。

表 3-8　　　　　　　　　　例 3-8 χ^2 值计算表

抗压强度区间 (MPa)	m_i	$u_i \sim u_{i+1}$	p_i	np_i	$(m_i - np_i)^2$	$\dfrac{(m_i - np_i)^2}{np_i}$
26.95~27.25	3	$-\infty, -2.024$	0.022	2.2	0.64	0.2909
27.25~27.55	4	$-2.024, -1.513$	0.044	4.4	0.16	0.0364
27.55~27.85	9	$-1.513, -1.002$	0.093	9.3	0.09	0.0097
27.85~28.15	15	$-1.002, -0.491$	0.153	15.3	0.09	0.0059
28.15~28.45	18	$-0.491, 0.002$	0.196	19.6	2.56	0.1306
28.45~28.75	20	$0.002, 0.532$	0.149	19.4	0.36	0.0186
28.75~29.05	18	$0.532, 1.043$	0.217	21.7	13.69	0.6309
29.05~29.35	7	$1.043, 1.554$	0.020	2.0	25.00	12.5000
29.35~29.65	4	$1.554, 2.065$	0.042	4.2	0.04	0.0095
29.65~29.95	2	$2.065, \infty$	0.019	1.9	0.1	0.0053
$\sum$						13.638

2. D_n 检验

D_n 检验，即柯尔莫哥洛夫检验，其基本思想是将样本实测值的累积频率 $F_n(x)$ 与总体理论概率分布 $F(x)$ 相比较建立统计量。

设样本容量为 n，按经验分布函数的建立方法，采用式（3-42）求累积频率，$F_n(x)$ 为阶梯形曲线。

在总体 X 的全部范围内，$F_n(x)$ 与 $F(x)$ 之间的最大值为

$$D_n = \max_{-\infty < x < \infty} |F(x) - F_n(x)| < D_n^\alpha \tag{3-46}$$

当式（3-46）满足时，可认为在显著性水平 α 上，假设分布是可以接受的，否则予以拒绝。式（3-46）中，D_n 是一个随机变量，其分布依赖于样本容量 n；D_n^α 为显著性水平 α 上的临界值，见表 3-9。

表 3-9　　　　　　　　　　D_n^α 临界值表

n	α			
	0.20	0.10	0.05	0.01
5	0.44698	0.50945	0.56328	0.66853
10	0.32260	0.36866	0.40925	0.48893
15	0.26588	0.30397	0.33760	0.40420
20	0.23156	0.26473	0.29408	0.35241

续表

n	α			
	0.20	0.10	0.05	0.01
25	0.20790	0.23768	0.26404	0.31657
30	0.19032	0.21756	0.24170	0.28937
35	0.17659	0.20185	0.22425	0.26897
40	0.16547	0.18913	0.21012	0.25205
45	0.15623	0.17856	0.19837	0.23793
50	0.14840	0.16959	0.18841	0.22604
>50	$1.07/\sqrt{n}$	$1.22/\sqrt{n}$	$1.36/\sqrt{n}$	$1.63/\sqrt{n}$

应用 D_n 检验时应注意到,假设分布的参数值原则上应是已知的;在检验时以取较大的显著性水平为宜,一般取 $\alpha=0.01\sim0.20$。D_n 检验直接使用样本数据,对小样本的情况,其效果还可以。

第七节 风险估计方法

项目风险估计至少要涉及以下三方面:
(1) 事件发生的概率。一般可以根据历史情况用统计参考数据进行估算。
(2) 后果的严重性。这要求项目管理人员明确有哪些后果及其影响程度。
(3) 主观判断。这一判断是前两个方面的综合,综合反映了风险的主观色彩,不同的人或组织对风险有不同的感受和承受能力。

在进行风险估计时,经常会用到效用函数和效用曲线两个概念。效用是当一种有形或无形的东西使个人的需要得到一定程度的满足或失去时,个人给予这个有形或无形的东西的评价,这个评价值称为效用值。效用值是收益或损失大小 x 的函数,称为效用函数 $U(x)$。在直角坐标系中,以横坐标表示收益或损失的大小,纵坐标表示效用函数,由此获得的曲线就是效用曲线,如图 3-10 所示。效用曲线有中间型、保守型和冒险型三种,保守型的决策者难于接受风险的不利后果,对追求高的收益兴趣不大;冒险型的决策者可以接受风险的不利后果,愿意追求高的利益。

风险估计应综合考虑上述三个方面的综合影响。同时,由于项目风险的独特性、变动性和复杂性,风险估计的方法往往因项目的情况不同而有所差异。根据项目风险管理人员掌握信息资料的不同,有确定型、随机型和不确定型三种不同类型

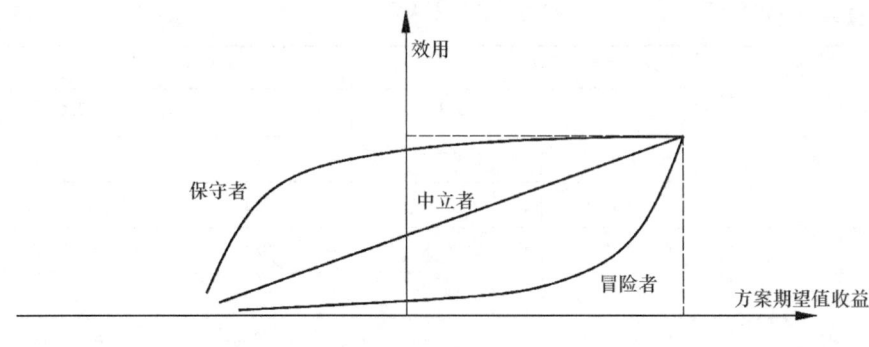

图 3-10 效用曲线

的风险估计。

一、确定型风险估计

确定型风险是指项目风险出现的概率为1,其后果完全可以预测。确定性风险估计是指具备以下四个条件的风险估计:

(1) 存在决策者希望达到的一个明确目标;
(2) 只存在一个确定的自然状态;
(3) 存在着可供决策者选择的两个或两个以上的行动方案;
(4) 不同的行动方案在确定状态下的损益值可以计算出来。

确定型风险估计有许多方法,较常用的有盈亏平衡分析和敏感性分析等。

1. 盈亏平衡分析

盈亏平衡分析是项目经济评价经常使用的方法,侧重研究项目风险管理中的盈亏平衡点的分析。通过对项目的产量或服务数量、成本以及利润之间的平衡关系进行研究分析,确定项目的盈亏界限,据此判断在各种不确定因素作用下项目适应能力和对风险的承受能力。盈亏平衡点越低,表明项目适应变化的能力越强,承受风险的能力越大。

设项目正常运转时每年向市场提供产品或服务的数量为 Q,单价为 p,单位成本为 w,税率为 r,年固定成本为 F,可得各经济指标如下:

项目年总收入为 $T_r = pQ$

年总成本为 $T_c = wQ + rQ + F$

年总利润为 $P = T_r - T_c = (p - w - r)Q - F$

(1) 盈亏平衡点

年总利润 P 为零时的产品成本或服务数量 Q、单价 p、变动成本 w、税率 r、年固定成本 F 称为盈亏平衡点或盈亏界限。由这一定义,可得处于盈亏平衡点的产量界限值为：
$$Q_b = F/(p-w-r)$$
项目年总收入 T_r、年总成本 T_c 和 Q_b 之间的关系如图 3-11 所示。

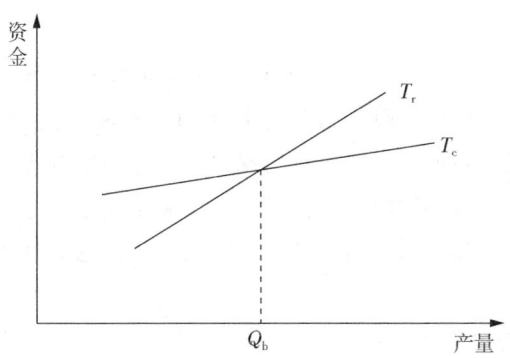

图 3-11　总收入 T_r、年总成本 T_c 和 Q_b 之间的关系如图

从图 3-11 可以看出，当实际年产量达到盈亏界限时，项目不会亏损；超过产量盈亏界限时，项目可以盈利；当不能达到产量界限时，则会亏损。从风险管理的角度，项目管理组织要设法确保项目的产出达到甚至超过产量盈亏界限。

（2）生产负荷率

设项目的年设计生产能力为 Q_t，则生产负荷率定义为下式的比值：
$$BEP(Q) = Q_b/Q_t$$
生产负荷率是衡量项目生产负荷状况的重要指标。在项目的多种方案比较中，生产负荷率越低越好。一般认为，当生产负荷率不超过 0.7 时，项目可承受较大风险。

例 3-9　某生产项目有两个方案可供选择。两个方案的年设计生产能力、产品单价、变动成本、税率和年固定成本分别为：

方案 1：$Q_t = 90000$ 件，$p = 45$ 元，$w = 18$ 元，$r = 9$ 元，$F = 810000$ 元。

方案 2：$Q_t = 85000$ 件，$p = 45$ 元，$w = 16$ 元，$r = 9$ 元，$F = 960000$ 元。

试比较这两个方案的优劣。

解：

方案 1

产量盈亏界限为：$Q_b = F/(p-w-r) = 810000/(45-18-9) = 45000$ 件；

生产负荷率为：$BEP(Q) = Q_b/Q_t = 45000/90000 = 0.5$

方案 2

产量盈亏界限为：$Q_b = F/(p-w-r) = 960000/(45-16-9) = 48000$ 件；

生产负荷率为：$BEP(Q)=Q_b/Q_t=48000/85000=0.565$

由以上分析可见，无论从盈亏界限还是从生产负荷率角度来看，方案2都较方案1的风险承受能力差。因此，在进行方案决策时，应优选方案1。

2. 敏感性分析

项目管理活动一般处在一个动态的复杂环境中，所以一般要进行敏感性分析。敏感性分析是指通过分析、预算项目的主要制约因素发生变化时所引起项目评价指标变化的幅度，以及各种因素变化对实现预期目标的影响程度，从而确认项目对各种风险的承受能力。敏感性分析是经济决策中常用的一种不确定分析方法，其目的是了解各种不确定因素，为项目的正确决策提供依据。具体而言，其作用主要体现在以下几个方面：

(1) 了解项目的风险水平；

(2) 找出影响项目效果的主要因素；

(3) 提示敏感性因素可承受的变动幅度；

(4) 比较分析各备选方案的风险水平，实现方案优选；

(5) 预测项目变化的临界条件或临界数值，确定控制措施或寻求可替代方案。

敏感性分析需要综合考虑多种敏感性因素可能的变化对项目活动的影响，分析起来比较复杂，下面用一个实例进行单因素敏感性分析说明。

例 3-10 某小型生产项目有几个备选方案，其中之一的建设期投资额、年设计生产能力、产品单价、变动成本、税率、折现率和项目10年折旧期结束时的残值分别为 $P_i=340000$ 元、$Q_t=600t$、$p=400$ 元/t、$w=220$ 元/t、$r=20$ 元/t、$i=16\%$ 和 $S=10000$ 元。试研究该方案的项目变数——产量、产品价格和变动成本的变动对项目净现值（NPV）和内部收益率（IRR）的影响。

解：

由技术经济学知识，可以得到项目的净现值与内部收益率（内部收益率是使净现值为零时的贴现率）大小，将产量、产品价格和变动成本三个变量对以上两个技术经济指标的影响程度列于表3-10中，图3-12是依照表3-2绘出的净现值对产量、价格和变动成本的敏感性曲线。

表3-10　　　　　　　　技术经济指标的变化

变量	经济指标	变量的变动幅度(x_k)						
		-30%	-20%	-10%	0%	10%	20%	30%
产量Q	NPV(元)	-12940	34358	79857	126256	172655	219654	265543
	IRR	14.98%	18.58%	22.03%	25.37%	28.62%	31.80%	34.92%

续表

变量	经济指标	变量的变动幅度(x_k)						
		−30%	−20%	−10%	0%	10%	20%	30%
价格 p	NPV(元)	−221735	−105738	10259	126256	242254	358251	474249
	IRR	−5.27%	7.14%	16.78%	25.37%	33.37%	41.03%	48.49%
成本 w	NPV(元)	335052	265453	195855	126256	56658	−12940	−82538
	IRR	39.52%	34.92%	30.22%	25.37%	30.32%	14.98%	9.20%

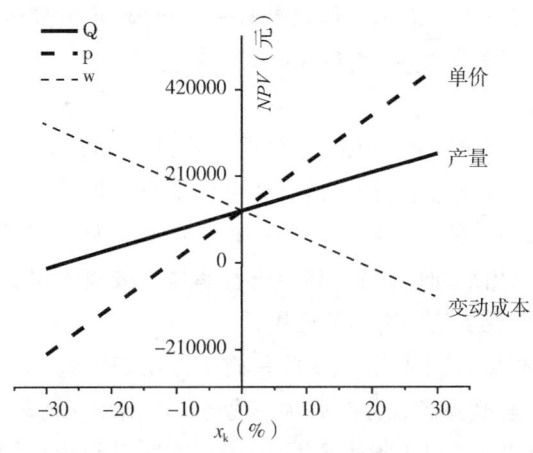

图 3-12　净现值曲线

由图 3-12 中可以看出,产品价格对 NPV 的影响最大,其次是变动成本,产量影响最小。从项目风险角度来看,项目管理应做好市场预测,采取措施控制市场供求出现不利变动而造成的损失。

二、非确定性风险估计

1. 随机型风险估计

随机型风险是指那些不但它们出现的状态已知,而且这些状态发生的概率也是已知的风险。随机型风险具备五个条件:

(1) 存在着决策者希望达到的目标;
(2) 存在着两个或两个以上的行动方案供决策者选择;
(3) 存在着两个或两个以上的不以决策者的主观意志为转移的自然状态;
(4) 不同的行动方案在不同的自然状态下的相应损益值可以计算出来;
(5) 在几种不同的自然状态中究竟将出现哪些自然状态,决策者不能肯定,但是各种自然状态出现的概率可以预先估计或计算出来。

对于随机型风险估计,有两种基本原则和一种估计方法。

1) 最大可能原则

由概率论可知,一个事件出现的概率最大,发生的可能性就越大。因此,在随机型风险估计中,可以选择一个最大概率的自然状态进行决策,其他自然状态不加理会。这样,可以将随机型风险估计转化为确定型风险估计,采用前述的确定性方法即可进行风险估计。如果在一个随机型风险估计问题中,某一种自然状态比其他状态出现的概率大很多,而各种自然状态下的损益值差别又不是很大,则此时最大可能原则是一个较有效的准则。但如果有一个风险,可能发生的各种自然状态出现的概率都很小,且都很接近,则最大原则无效。

2) 期望值原则

期望值原则是假定决策者是风险中性者,其仅根据损益值的大小来估计风险。如果估计的目标是投资收益率最大化,那么可以把每个投资方案的期望收益率求出后加以比较;如果估计的目标是项目损失率最小,则同样可以把每个因素带来的项目的期望损失率求出后加以比较,其中收益率最大或损失率最小的方案就是最优方案。下面举一例说明这一准则的应用。

例 3-11 某工程项目欲采用 A、B 两种施工方案,实际施工过程中,只能采用其中一种方案,因而有必要经过分析后从中优选。不出现任何风险事件时,采用方案 A 可以节约工期 25 天,成本投入 8 万元;采用方案 B 可以节约工期 15 天,成本投入 6 万元。节约一天工期可以得到 0.8 万元的收益;若出现风险事件时,采用方案 A 可能会拖延工期 4 天,采用方案 B 可能会拖延工期 2 天,拖延一天工期,会损失 0.9 万元。A 方案出现风险事件的概率为 0.2,B 方案出现风险事件的概率为 0.3 元。管理决策人员的效用曲线如图 3-13 所示。试对两种方案进行比较。

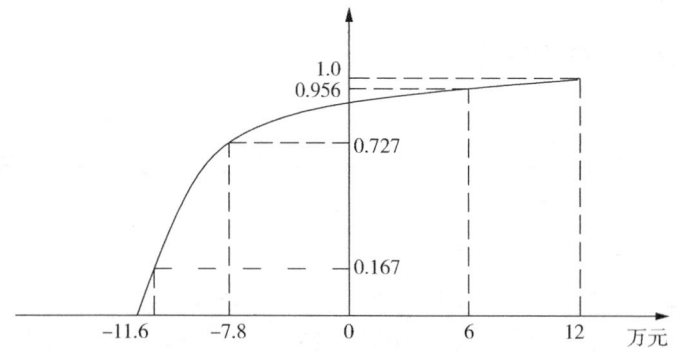

图 3-13 效用曲线

解：

(1) 根据已知条件，计算出两种方案的收益：

A 方案：不出现风险事件：25×0.8－8＝12 万元　　　（出现概率：0.8）

　　　　出现风险事件：　－4×0.9－8＝－11.6 万元　（出现概率：0.2）

B 方案：不出现风险事件：15×0.8－6＝6 万元　　　（出现概率：0.7）

　　　　出现风险事件：　－2×0.9－6＝－7.8 万元　（出现概率：0.3）

(2) 效用值计算

由效用曲线查得效益值 12 万元和－11.6 万元所对应的效益率分别为 1.0 和 0.167，由此可计算得到 A 方案的效用期望值为

$$EA=0.8×1.0+0.2×0.167=0.8334$$

同样由效用曲线查得效益值 0.6 万元和－7.8 万元所对应的效益率分别为 0.956 和 0.727，由此可计算得到 B 方案的效用值为

$$EB=0.7×0.956+0.3×0.727=0.8873$$

如果不出现任何风险，虽然方案 A 的收益值要大于方案 B，但从总体效用性能上看，决策者更倾向于选择 B 方案。

3) 贝叶斯后验概率法

项目风险估计是建立在对各种风险事件发生的可能性的基础上，这种可能性直接受到项目环境各种因素变化的影响，存在着较大的风险。同时，项目风险事件的概率估计往往是在历史数据资料缺乏或不足的情况下做出的，这种概率称之为先验概率。先验概率具有较强的不确定性，需要通过各种途径和手段对先验概率进行修正和补充。这种通过对项目进行更多、更广泛的调查研究或统计分析后，再对项目风险进行估计的方法，称为贝叶斯后验概率法。

按照贝叶斯公式，风险后果 B_i 出现的后验概率为

$$P\{B_i \mid A\} = \frac{P_i\{\mid A \mid B_i\}P\{B_i\}}{\sum P_i\{\mid A \mid B_i\}P\{B_i\}} \quad (3\text{-}47)$$

实践证明，贝叶斯后验概率法对减少项目活动中的不确定性，改善风险概率估计，提高风险估计质量具有一定的作用和意义。

2. 不确定性风险估计

当事件的各种可能出现的自然状态的概率无法确定时，对其所作的估计称为不确定性估计。这意味着随机型风险估计中的第五个条件不具备，因此估计准则非常重要，不同的决策者可能偏好不同的估计准则，而不同的估计准则有可能导致不同的评价结果。常用的不确定性估计准则有多种，下面用一个例子说明。

例 3-12 设某快餐店每天的面包的需求量可能是 100 个、150 个、200 个、250 个和 300 个中间的某一数值,但其概率分布未知。新鲜面包每个售价 49 分,当天卖不出的面包降价处理的售价是 15 分,每个面包的成本是 25 分。试以损益值最大的标准来确定进货量(上述五个数值中的一个)。不同的进售量对应的损益值见表 3-11。

表 3-11　　　　　　　　　　不同的进售量对应的损益值

需求量 进货量	Q_1 (100)	Q_2 (150)	Q_3 (200)	Q_4 (250)	Q_5 (300)
A_1(100)	2400	2400	2400	2400	2400
A_2(150)	1900	3600	3600	3600	3600
A_3(200)	1400	3100	4800	4800	4800
A_4(250)	900	2600	4300	6000	6000
A_5(300)	400	2100	3800	5500	7200

1) 拉普拉斯原则

决策者对所有自然状态均采用一视同仁的态度,认为所有状态出现的概率是相同的。根据这一准则,五种需求出现的概率均为 0.2,这样,每一种进货量的期望损益值分别为:2400、3260、3780、3960、3800,从而可以看出,第 4 种进货量是最佳方案。

2) 小中取大原则

这一原则也称为悲观原则,它是一种保守的估计态度。决策者考虑每个行动方案中最悲观的结果,并在所有最悲观的结果中选择一个损益值最大作为最佳方案。上例中,先得到每一种进货量的最小损益值,分别是 2400、1900、1400、900、400,再从中找出最大损益值 2400,可知第 1 种进货量为最佳方案。

3) 大中取大原则

这一原则也称为乐观原则,与悲观原则相反,它是从各方案得到每一方案对应最大损益值,再从这些损益值中选择最大值。上例中,先得到每一种进货量的最大损益值,分别是 2400、3600、4800、6000、7200,再从中找出最大损益值 7200,可知第 5 种进货量为最佳方案。

4) 遗憾原则

又称为最小后悔原则,决策者在制定决策后,若事实未能符合理想状态,必将有后悔的感觉,这个准则的实质是后悔值最小的方案为最合理的方案。这个准则进行决策,首先要求出每个方案在每种自然状态下的后悔值,后悔值为每种状态的最高值与其他值之差。如,当实际市场需求量只有100个面包时,当进货量为100时,决策者就不会后悔,即后悔值为0;当进货量为150个时,决策者将后悔,后悔值为两者损益之差,即500;当进货量为200个时,后悔值为1000,其他的后悔值依次类推,每个方案最大的后悔值中最小的后悔值所对应的方案,就是该准则下最合理的方案。

第四章 风险评价

工程项目风险估计仅对风险事件发生的概率和引起的损失进行的讨论,并没有涉及各风险事件的共同作用,也没有去考虑风险事件的发生概率和引起损失的综合后果,更没有去研究这些风险对项目实施的影响和工程项目主体能否承受这些风险等问题。风险评价则是要对这些问题一一解决。

第二节 工程项目风险评价概述

一、风险评价的含义

风险评价是对项目风险进行综合分析,并依据风险对项目目标的影响程度进行项目风险分级排序的过程。它是在项目风险识别和估计的基础上,通过建立风险的系统评价模型,对项目风险因素影响进行综合分析,并估算出各风险发生的概率及其可能导致的损失大小,从而找到该项目的关键风险,确定项目的整体风险水平,为如何处置这些风险提供科学依据,以保障项目的顺利进行。

在风险评价过程中,项目管理人员应详细研究决策者决策的各种可能后果并将决策者作出的决策同自己单独预测的结果相比较,进而判断这些预测能否被决策者所接受。进行风险评价时,还要提出预防、减少、转移或消除风险损失的初步方法。

二、风险评价的目的

1. 风险评价的作用

(1)通过风险评价,可以确定风险大小的先后次序。对工程项目中的各类风险进行评价,根据它们对项目目标的影响程度,包括风险出现的概率和后果,以确定它们的排序,为考虑风险控制先后和风险控制措施提供依据。

(2)通过风险评价,确定风险事件间的内在联系。工程项目中存在的各种风险事件,表面上看是互不相干的,但当进行详细分析后,便会发现某些风险事件的风险源是相同或有着密切联系的。例如,对工程中材料质量控制不严格,可能会在工程进度、工程费用、工程质量等方面引发一连串的风险事故。

(3)通过风险评价,可以对风险有更深入的认识,把握风险之间的相互关系,从而将风险转化为机会;同时,通过对风险的认识,也可以防止原本存在机会的事件转化为风险。

（4）通过风险评价，可以进一步认识已经估计的风险发生的概率和引起的损失，降低风险估计过程中的不确定性。在风险评价过程中，当发现原估计结果与实际情况有较大出入时，必要时可根据工程项目进展状态，重新估计风险发生的概率和可能的后果。

（5）通过风险评价，可以合理地选择风险对策，形成最佳的风险组合。风险对策的适用性可以从效果和代价两个方面来考虑：效果表现在降低风险发生的概率和损失程度；代价是在采取风险对策时所付出的费用和其他投入。在选择风险对策组合时，应将不同风险对策的适用性与不同风险的后果相结合，从而选择最佳的组合方案，达到性价比最高。

2. 风险评价的基本步骤

（1）确定风险评价基准。风险评价基准是项目主体针对每一种风险后果确定的可接受水平。单个风险和整体风险都要确定评价基准，分别称为单个评价标准和整体评价标准。

（2）确定项目风险水平。这包括单个风险水平和整个风险水平。工程项目的整体风险水平是综合了所有风险事件之后确定的。确定工程项目整体风险水平后，总是要和工程项目的整体评价标准相比较，因此整体风险水平的确定方法要和整体评价标准确定的原则和方法相适应，否则二者就缺乏可比性。

（3）比较。将单个风险水平与单个风险基准相比较，将整体风险水平与整个风险基准相比较，从而得出结论：项目的风险是否可以接受，针对项目风险应采取何种应对措施。

3. 项目风险评价的目的

（1）对项目各风险进行比较分析和综合评价，确定它们的先后顺序。

（2）挖掘项目风险间的相互联系，使风险评价从整体出发，保障风险管理的科学性。

（3）综合考虑各种不同风险之间相互转化的条件，研究如何才能化风险为机会，明确项目风险的客观基础。

（4）进行项目风险量化研究，进一步量化已识别风险的发生概率和后果，减少风险估计的不确定性，为风险应对和监控提供依据和管理策略。

三、风险评价基准

1. 风险评价基准的特性

（1）不同的项目主体有不同项目风险评价基准。如业主对工程项目的工期、投资和质量有一个整体评价基准,而承包商可能对其自身利益最大化更感兴趣。

(2) 项目风险评价基准和项目目标的相关性。工程项目风险评价基准总是和项目的目标相关的,显然,不同的目标会对应不同的风险评价基准,其中常用到的是单个风险评价基准和整体风险评价基准。

(3) 项目风险评价基准具有两个层次:计划风险水平,即在项目实施前分析估计得到的或根据以往的管理经验得到的,并认为是合理的风险水平;可接受风险水平,即项目主体可以接受的,经过一定的努力,采取适当的控制措施,项目目标能够实现的风险水平。

(4) 风险评价基准的形式多种多样。风险率、风险损失、风险量等都可以作为风险评价基准的形式。项目施工进度风险常用风险率,即不能按目标工期完工的概率作为评价基准;质量风险可以采用风险损失来作为基准;费用风险则可采用风险量来作为基准形式。

2. 项目的整体风险水平

项目的整体风险水平对项目的风险管理非常重要,但合理地对其加以衡量却很复杂。一般可以采用如下两步进行对项目的整体风险水平进行描述:

(1) 按工程项目目标风险的分类方法,分析实现项目整体目标的风险。对同一类的风险,可以通过一定的运算,得到各目标的整体风险水平。

(2) 综合不同目标风险,得到项目整体风险水平。不同目标的风险,其属性一般不同,因此做简单的算术运算没有实际意义,此时需进行一定的数学处理将种目标的风险有机地综合起来,科学地描述项目整体风险水平。

3. 风险水平同风险评价基准的比较

风险评价的最后一步就是将项目整体风险水平与整个评价基准相比较,单个风险水平与单个评价基准相比较。一般而言,比较后有4种结果:第一,若整体风险不能接受,而且主要的一些单个风险也不能接受,则项目或项目的方案是不可行的;第二,若整体风险能被接受,而且主要的一些单个风险也能被接受,则项目或项目的方案是可行的;第三,项目整体风险能被接受,而且并不是主要的单个风险不能被接受,此时,对项目或项目的方案可作适当局部调整后可实施;第四,若整体风险能被接受,但主要的单个风险不能被接受,此时应从全局出发作进一步的分析,在确认机会多于风险时,才可对方案进行调整后实施,否则将方案摒弃。

第二节 风险评价的定性方法

风险评价可以采用定性与定量两大类方法。定性的风险评价方法主要作用在于区分出不同风险的相对严重程度以及根据预先确定的可接受风险水平作出相应的决策。

一、主观评分法

主观评分法是利用专家学者的经验等隐性知识,直观判断项目每一单个风险并赋予相应的权重,权重值一般取0～9之间的一个整数值。0代表没有风险,9代表风险最大,然后把各个风险的权重加起来,再与风险评价基准进行分析比较。

例4-1 某拟建设工程项目,需对该项目整体风险水平进行评价,已知项目整体风险基准为0.6,作出是否实施该工程项目的决策。

解:

(1) 将工程项目的建设过程分为5个过程,经识别在每一个过程中存在的风险有费用、工期、质量、组织和技术5个方面,见表4-1。

表4-1 风险权值表

风险类型 建设过程	费用风险	工期风险	质量风险	组织风险	技术风险	$\sum$
可行性研究	5	6	3	8	7	29
设计	4	5	7	2	8	26
试验	6	3	2	3	8	22
安装	9	7	5	2	2	25
试运行	2	2	3	1	4	12
$\sum$	26	23	20	16	29	114

(2) 请有经验的专家对每一个建设过程的每一种风险打分,并假设每一风险的分值为0～9共10个等级,打分结果如表4-1所示。

(3) 计算每一个过程中各种风险的权重与每一风险因素对不同过程的权重值之和,并计算总风险的权重值,分别见表4-1的第7列和第7行。

(4) 计算总体风险水平:从表中可知,每一个风险因素最大的权重值为9,因此最大的风险权重值和为$9 \times 5 \times 5 = 225$,由此可以得到本项目的整体风险水平为:$114/225 = 0.5067$。

(5) 将整体风险水平与整体风险评价基准比较:0.5067<0.6,显然,该项目是可接受的。

主观评分法的特点是简单,但该方法的可靠性主要取决于打分专家对风险评判的客观性和合理性,因此主观成分较多,影响了结果的客观性。

二、层次分析法

层次分析法(简称 AHP)是一种在经济学、管理学中广泛应用的方法。层次分析法可以将无法量化的风险按照大小排出顺序,把它们区别开来,这是一种灵活的、易于理解的工程风险评价方法。应用层次分析法进行风险分析时可以遵照以下步骤。

(1) 确定评价目标、评价准则,进行工作分解,把整个工程项目分解成可管理的工作包,然后对每一个工作包进行风险分析,构造项目的递阶层次结构模型。一般的递阶层次结构模型分为目标层、准则层、方案层三个层次。目标层:最高层次,是理想结果层次,指决策问题所追求的总目标。准则层:为评价准则或估计准则,指评判方案优劣的准则,也称为因素层、约束层。方案层:也称为对策层,指决策问题的可行方案。典型的递阶层次结构模型如图 4-1 所示。

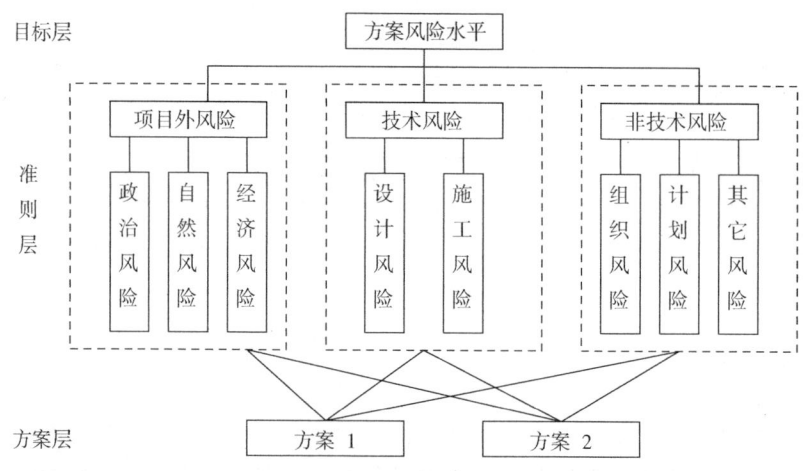

图 4-1 递阶层次结构模型

(2) 构造各风险因素的两两判断矩阵

项目风险评价模型确定后,请具有项目风险管理经验的人员对各风险因素进行两两比较打分,两两比较评分的分值可以采用表 4-2 所示的形式,该表中的数值称为两两比较的标度。

表 4-2　　　　　　　　风险因数两两比较标度

标度 a_{ij}	定 义
1	i 因素与 j 因素同样重要
3	i 因素比 j 因素略重要

续表

标度 a_{ij}	定义
5	i 因素比 j 因素重要
7	i 因素比 j 因素重要得多
9	i 因素比 j 因素绝对重要
2,4,6,8	i 因素与 j 因素的比较结果介于上述数值之间时
上述值的倒数	j 因素与 i 因素的比较结果,为上述结果的倒数

在确定了上述的各风险因素两两之间的比较标度后,可得具有 n 个风险因素的判断矩阵,如表 4-3 所示。

表 4-3 　　　　判断矩阵 A

风险因素	A_1	A_2	⋯	A_n
A_1	a_{11}	a_{12}	⋯	a_{1n}
A_2	a_{21}	a_{22}	⋯	a_{2n}
⋮	⋮	⋮	⋮	⋮
A_n	a_{n1}	a_{n2}	⋯	a_{nn}

由表 4-3 可以看出,判断矩阵 $[A]$ 内的元素具有以下特点:

$$\begin{cases} a_{ij} > 0 \\ a_{ij} = 1/a_{ji} \\ a_{ii} = 1 \end{cases} \quad (4-1)$$

(3) 计算判断矩阵中各风险事件的权重、排序

风险事件的权重大小是衡量该风险事件对项目整体的相对重要程度,各风险事件的权重值的计算方法有两种,一种以标度值的几何平均值度量,一种是以标度值的算术平均值度量,分别如下:

① 得到风险事件 i 相对于其他各风险事件标度值的几何平均值 w_i,即

$$w_i = \left(\prod_{j=1}^{n} a_{ij} \right)^{1/n} \quad (4-2)$$

计算第 i 个风险事件相对项目整体的权重值 W_i:

$$W_i = \frac{w_i}{\sum_{i=1}^{n} w_i} \quad (4-3)$$

② 得到风险事件 i 相对于其他各风险事件标度值的算术平均值 w_i,即

$$w_j = \frac{\sum_{j=1}^{n} a_{ij}}{n} \tag{4-4}$$

计算第 i 个风险事件相对项目整体的权重值 W_i：

$$W_i = \frac{w_i}{\sum_{i=1}^{n} w_i} \tag{4-5}$$

于是可以得到项目的各风险权重值向量：

$$W = \{W_1 \quad W_2 \quad \cdots \quad W_n\}^{\mathrm{T}} \tag{4-6}$$

（4）检验判断矩阵的一致性

在对各风险要素进行标度判分时，由于运用的主要是专家的隐性知识，因而不可能完全精密地判断出其相对重要程度，只是一种估计，因此有必要对这估计进行相容性和误差分析。估计必然会导致判断矩阵特征值的偏差，据此可以定义一个相容性指标，如下定义：

$$C.I. = \frac{\lambda_{\max} - n}{n - 1} \tag{4-7}$$

式中

$$\lambda_{\max} = \sum_{i=1}^{n} \frac{(AW)_i}{nW_i} \tag{4-8}$$

其中 $(AW)_i$ 为向量 AW 中的第 i 个元素。

将 $C.I.$ 与随机一致指标 $R.I.$ 进行比较，当 $C.I./R.I.<0.1$ 时，可认为判断矩阵是满足一致性要求的。随机一致性指标 $R.I.$ 的取值见表 4-4，从表中数据可知：当 $n=1,2$ 时，一致性检验总能满足要求。

表 4-4　　　　　　　　　一致性指标取值

n	1	2	3	4	5	6	7	8	9
$R.I.$	0	0	0.58	0.9	1.12	1.24	1.32	1.41	1.45

（5）计算综合重要度

在计算完各层次上各风险要素对上一级的相对重要度以后，就可以从最上层开始，自上而下地求出各层要素关于项目整体的综合重要度，从而对所有项目风险因素进行优先排序。其分析过程如下。

设第二层为 A 层，有 m 个风险要素：$A_1,A_2,\cdots,A_m$，它们关于整体（最上层）的重要度分别为 $a_1,a_2,\cdots,a_m$。第三层为 B 层，有 n 个风险要素：$B_1,B_2,\cdots,B_n$，它们关于 a_i 的重要度分别为 $b_1^i,b_2^i,\cdots,b_n^i$，则 B 层的风险要素 B_j 的综合重要度为

$$b_j = \sum_{i=1}^{m} a_i b_j^i, j=1,2,\cdots,n \tag{4-9}$$

即下层第 j 要素的综合重要度是其以上层要素的综合重要度为权重的相对重要度的加权和。

例 4-2 某公司拟分别向我国周边的两个国家的甲、乙施工项目投标。该公司根据具体情况,拟在这两个标中投一个标。投标前,该公司对不同施工标进行风险评价,以确定投标对象。投标人首先进行了风险识别,主要的风险因素有:

(1) 经济风险:工程所在国有不同程度的通货膨胀;汇率、税收方面的风险不一;

(2) 自然环境和投标竞争环境方面:自然条件均较差;两个标的竞争均较激烈,但程度不一。

(3) 技术方面:两个工程的施工技术复杂度不同,在供水、供电方面的条件总体较差。

将识别后的风险进行归类,有以下类别:通货膨胀、税收、汇率、供水、供电、气候、企业竞争和法律法规制约八个方面。

解:

(1) 建立风险的递阶层次结构模型,如图 4-2 所示。

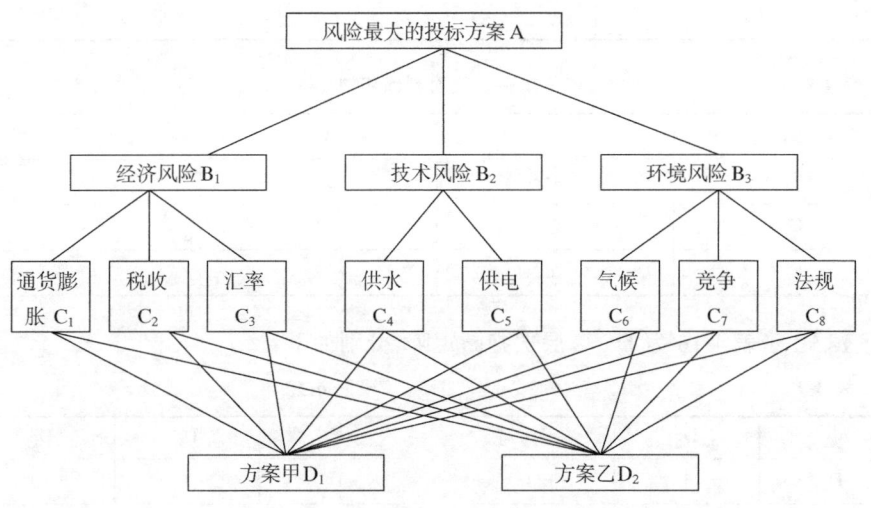

图 4-2 递阶层次结构模型

(2) 请专家对各风险要素进行两两比较,并得到各标度值组成的判断矩阵,见表 4-5~表 4-16。

（3）各风险要素的权重值计算,并检测判断矩阵的一致性。分 A—B 层次和 B—C 层次和 C—D 层次三个层次分别进行计算。

表 4-5　　　　　　　　　　A—B 层次判断矩阵

A	B_1	B_2	B_3
B_1	1	5	3
B_2	1/5	1	1/2
B_3	1/3	2	1

表 4-6　　　　　　　　　　B_1—C 层次判断矩阵

B_1	C_1	C_2	C_3
C_1	1	1/3	1/4
C_2	3	1	1/2
C_3	4	2	1

表 4-7　　　　　　　　　　B_2—C 层次判断矩阵

B_2	C_4	C_5
C_4	1	2
C_5	1/2	1

表 4-8　　　　　　　　　　B_3—C 层次判断矩阵

B_3	C_6	C_7	C_8
C_6	1	1/2	1/3
C_7	2	1	1/2
C_8	3	2	1

表 4-9～表 4-16 为 D—C 层次判断矩阵,分别如下:

表 4-9

C_1	D_1	D_2
D_1	1	1/8
D_2	8	1

表 4-10

C_2	D_1	D_2
D_1	1	1
D_2	1	1

表 4-11

C_3	D_1	D_2
D_1	1	1
D_2	1	1

表 4-12

C_4	D_1	D_2
D_1	1	1/5
D_2	5	1

表 4-13

C_5	D_1	D_2
D_1	1	8
D_2	1/8	1

表 4-14

C_6	D_1	D_2
D_1	1	1
D_2	1	1

表 4-15

C_7	D_1	D_2
D_1	1	1/8
D_2	8	1

表 4-16

C_8	D_1	D_2
D_1	1	1/5
D_2	5	1

A—B 层次判断矩阵相关参数的计算：

1）计算判断矩阵每行所有元素的几何平均值

$w_1 = \sqrt[3]{1 \times 5 \times 3} = 2.466$，$w_2 = 0.464$，$w_3 = 0.874$

2）求 W_i

$$W_1 = \frac{w_1}{\sum w_i} = \frac{2.466}{2.466 + 0.464 + 0.874} = 0.648$$

$$W_2 = 0.122$$

$$W_3 = 0.230$$

3）一致性检验

先求 λ_{max}：

$$AW = \begin{bmatrix} 1 & 5 & 3 \\ 1/5 & 1 & 1/2 \\ 1/3 & 2 & 1 \end{bmatrix} \begin{bmatrix} 0.648 \\ 0.122 \\ 0.230 \end{bmatrix} = \begin{bmatrix} 1.948 \\ 0.367 \\ 0.690 \end{bmatrix}$$

$$\lambda_{max} = \sum \frac{(AW)_i}{nW_i} = \frac{1.948}{3 \times 0.648} + \frac{0.367}{3 \times 0.122} + \frac{0.69}{3 \times 0.23} = 3.005$$

求相容性指标 C.I.

$$C.I. = \frac{\lambda_{max} - n}{n - 1} = \frac{3.005 - 3}{3 - 1} = 0.0025$$

查表知 $R.I.=0.58$，因而有
$$\frac{C.I.}{R.I.}=\frac{0.0025}{0.58}=0.0043<0.1$$

因此，A—B 层次判断矩阵满足一致性检验要求。

同理可以求得 B—C 层次、C—D 层次各判断矩阵的相应参数，分别如下

B_1—C 层次：$W_1=0.122, W_2=0.320, W_3=0.558$
$$\lambda_{\max}=3.018, C.I.=0.009, R.I.=0.58$$
$$C.I./R.I.=0.015<0.1$$

因此满足一致性检验要求。

B_2—C 层次：$W_1=0.667, W_2=0.333$

此为二阶矩阵，一致性检验总满足要求。

B_3—C 层次：$W_1=0.163, W_2=0.297, W_3=0.540$
$$\lambda_{\max}=3.010, C.I.=0.005, R.I.=0.58$$
$$C.I./R.I.=0.0086<0.1$$

因此满足一致性检验要求。

C_1—D 层次：$W_1=0.111, W_2=0.889$

C_2—D 层次：$W_1=0.5, W_2=0.5$

C_3—D 层次：$W_1=0.5, W_2=0.5$

C_4—D 层次：$W_1=0.167, W_2=0.833$

C_5—D 层次：$W_1=0.889, W_2=0.111$

C_6—D 层次：$W_1=0.5, W_2=0.5$

C_7—D 层次：$W_1=0.111, W_2=0.889$

C_8—D 层次：$W_1=0.167, W_2=0.833$

可见 C—D 层次均为二阶矩阵，因此一致性检验总满足要求。

(4) 综合重要度的计算

1) 先计算 C 层相对于 A 层的综合重要度：

C 层各要素的上一层联系要素只有 1 个，因此 C 层各要素的综合重要度计算过程为

$$c_1=\sum_{i=1}^{m}b_i c_1^i=0.122\times 0.648=0.079, c_2=0.207, c_3=0.362,$$
$$c_4=0.081, c_5=0.041, c_6=0.037, c_7=0.068, c_8=0.124$$

2) 计算 D 层相对于 A 层的综合重要度：

D 层各要素的上一层联系要素共有 8 个，因此 D 层各要素的综合重要度计算

过程为

$$d_1 = \sum_{i=1}^{m} c_i d_1^i$$
$$= 0.111 \times 0.079 + 0.5 \times 0.207 + 0.5 \times 0.362 + 0.167 \times 0.081 +$$
$$0.889 \times 0.041 + 0.5 \times 0.037 + 0.111 \times 0.068 + 0.167 \times 0.124$$
$$= 0.39$$
$$d_2 = 0.61$$

(5) 评价

由 D 层(方案层)各要素的综合重要度可知,方案乙的整体风险显然大于方案甲,因此可以向投标决策人员建议向方案甲进行投标。

第三节 风险评价的定量方法

定量分析的方法有很多,如等风险图法、模糊数学法、决策树法、网络模型法、Monte Carlo 方法等,本节对等风险图法和模糊数学法这两种方法进行详细介绍,其他方法的具体实现过程可以参阅相关文献。

一、等风险图法

1. 风险量函数

在定量评价工程风险时,首要工作是将各种风险的发生概率及其潜在的损失定量化,为此需要引入风险量的概念。所谓风险量,是指各种风险的量化结果,其数值大小取决于各种风险的发生概率及其潜在损失。以 R 表示风险量,P 表示风险的发生概率,q 表示潜在损失,则 R 可以表示为 P 和 q 的函数,即

$$R = f(P, q) \tag{4-10}$$

式(4-10)给出的是一个连续函数,在实际工作中,多数风险的发生概率及其损失是以离散形式来定量表示的,此时的风险量可以相应地定义为

$$R = \sum P_i q_i \tag{4-11}$$

等风险图就是由风险量相同的风险事件所形成的曲线。

2. 等风险图法

等风险图法把已识别的风险分为低、中、高三类,低风险指对项目目标仅有轻微不利影响,发生概率较小(小于 0.3);中等风险指发生概率大(0.3~0.7),且影响项目目标的实现;高风险是指发生概率很大(大于 0.7),对项目目标的实现有非常不利的风险。

用 P_f 和 P_s 分别表示项目失败和成功的概率,于是有 $P_s=1-P_f$。再用 C_f 和 C_s 分别表示项目失败的后果非效用值和成功的后果效用值,有 $C_s=1-Cf$。由此定义项目风险系数 R:

$$R=1-P_s C_s=1-(1-P_f)(1-C_f)=P_f+C_f-P_f C_f \quad (4-12)$$

等风险图的作法如下:先让 R 在 $0\sim1$ 之间取一个数,如 0.1,接着,让 P_f 和 C_f 在 $0\sim1$ 之间取多种不同组合。然后把不同的组合点画在以 C_f 为横轴,以 P_f 为竖轴的平面坐标图上,把各点连起来就可以得到一条曲线。曲线连出后,使 R 取另一个数值,且同样的方法进行第二条曲线的绘制,直到 R 取为 1.0 的曲线图绘完为止,图 4-3 给出的是一个示意图。

有了等风险图后,就可以将具体项目的风险系数拿来与之对照。首先把项目 n 个风险的发生概率算出来,然后让 P_f 取其平均,即

$$P_f=(P_{f1}+P_{f2}+\cdots+P_{fn})/n \quad (4-13)$$

对于 C_f,采用同样的处理方法,对 m 个风险后果取平均,即

$$C_f=(C_{f1}+C_{f2}+\cdots+C_{fn})/m \quad (4-14)$$

再用式(4-12)计算出风险系数 R。

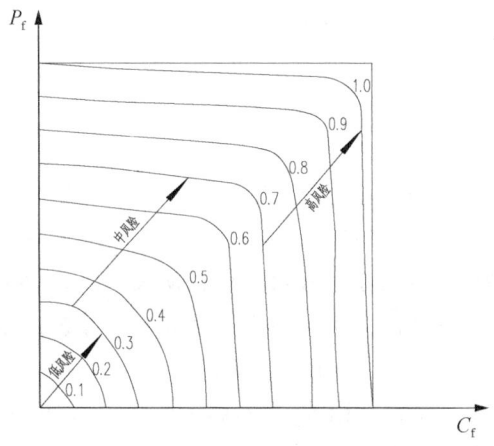

图 4-3 等风险示意图

例 4-3 假设有一个收费高速公路,该项目能否按时建成并收回投资,主要风险来自征地、资金筹集、设计和施工以及将来使用此路的车辆数目。这些风险可能给项目造成的后果有:工期拖延、费用超支和收入不佳三个方面。假设项目管理人员已经进行了风险估计,并得到了四个主要风险的概率和三个不良后果的严重程度,具体数值计算如下:

当 $P_{f1}=0.5$ 时,征地严重受阻;

当 $P_{f2}=0.7$ 时,建设债券发行不顺;

当 $P_{f3}=0.3$ 时,严重拖延工期,局部须重新设计;

当 $P_{f4}=0.1$ 时,使用此路的车辆数不到预期的 40%;

当 $C_{f1}=0.5$ 时,超过预算 18%;

当 $C_{f2}=0.7$ 时,工期拖延不到两年;

当 $C_{f3}=0.9$ 时,年现金流入未达到预计的 20%。

试对该项目风险进行评价。

解:

按以上风险估计值,可得:

$$P_f = \sum P_{fi}/n = (0.5+0.7+0.3+0.1)/4 = 0.4$$

$$C_f = \sum C_{fi}/m = (0.5+0.7+0.9)/3 = 0.7$$

计算风险系数:

$$\begin{aligned} R &= P_f + C_f - P_f C_f \\ &= 0.4 + 0.7 - 0.4 \times 0.7 \\ &= 0.82 \end{aligned}$$

假定依据历史数据得到的本工程的等风险图如图 4-3 所示,由上述计算结果可知,该项目的风险处于高风险段,因此在实施过程应充分注意风险管理,必要时应对该方案进行调整。

二、模糊评价法

模糊评价法是利用模糊集理论评价工程项目风险的一种方法。项目风险绝大部分难以用完全定量的精确数据加以描述,这种不能定量或精确的特性就是模糊性。美国学者 L. A. Zadeh 于 1965 年提出了模糊集理论,之后该理论在工程技术和管理领域得到了较为广泛的应用。

1. 模糊的概念和定量

在项目的风险评价中,常用"风险大"或"风险小"等词来描述,这种描述虽没有给出具体的风险率和可能的损失,但人们对该项目风险的状况有了基本的了解。为了能定量地描述对风险的这种模糊概念,可引进隶属度的概念,并用 A 表示隶属度。如,某项目风险的隶属度为 A,$A = (1/90\%, 0.5/60\%, 0.2/30\%, 0/10\%)$ 表示风险率为 90% 者为高风险,风险率为 60% 者为高风险的程度仅为 0.5,依次类推。

2. 模糊运算法则

设有模糊矩阵 $\boldsymbol{R}$ 和 $\boldsymbol{S}$,其分别为

$$R = \begin{pmatrix} 0.4 & 0.2 \\ 0.5 & 0.7 \end{pmatrix}, S = \begin{pmatrix} 0.7 & 0.3 \\ 0.4 & 0.6 \end{pmatrix}$$

定义 R 和 S 的并运算为两矩阵对应元素并运算后取大,即

$$R \cup S = \begin{pmatrix} 0.4 \cup 0.7 & 0.2 \cup 0.3 \\ 0.5 \cup 0.4 & 0.7 \cup 0.6 \end{pmatrix} = \begin{pmatrix} 0.7 & 0.3 \\ 0.5 & 0.7 \end{pmatrix}$$

定义 R 和 S 的交运算为两矩阵对应元素交运算后取小,即

$$R \cap S = \begin{pmatrix} 0.4 \cap 0.7 & 0.2 \cap 0.3 \\ 0.5 \cap 0.4 & 0.7 \cap 0.6 \end{pmatrix} = \begin{pmatrix} 0.4 & 0.2 \\ 0.4 & 0.6 \end{pmatrix}$$

模糊矩阵的乘积定义为

$$C = R \cdot S, \quad c_{ij} = \bigcup_{k=1}^{n} (r_{ik} \cap s_{kj})$$

$$R \cdot S = \begin{pmatrix} (0.4 \cap 0.7) \cup (0.2 \cap 0.4) & (0.4 \cap 0.3) \cup (0.2 \cap 0.6) \\ (0.5 \cap 0.7) \cup (0.7 \cap 0.4) & (0.5 \cap 0.3) \cup (0.7 \cap 0.6) \end{pmatrix}$$

$$= \begin{pmatrix} 0.4 & 0.3 \\ 0.5 & 0.6 \end{pmatrix}$$

3. 模糊综合评价

对一个项目的风险评价问题,其风险因素集 $U = \{u_1, u_2, \cdots, u_n\}$;评价指标集 $V = \{v_1, v_2, \cdots, v_n\}$;各评价指标的权重分别为 $R = \{W_1, W_2, \cdots, W_n\}$,则项目风险评价问题可用模糊乘积 $R \cdot V$ 来描述,下面以一个简单示例说明之。

例 4-4 某工程承包人对施工投标项目进行风险评价。

施工投标项目的风险因素集 $U = \{$商备风险,技术风险,业主信誉风险$\}$;评价集 $V = \{$高风险,中风险,低风险$\}$,请 10 个专家对三个风险因素进行分析,认为它们对整体风险的影响不一,其权重分别为

$$R = \{0.5 \quad 0.2 \quad 0.3\}$$

同时,各位专家对各风险进行了评价:对商务因素,有 5 人认为高风险,有 3 人认为中等风险,有 2 人认为低风险,由此可以得到对商务风险的隶属度:

$$A_{商务} = (0.5/高风险, 0.3/中风险, 0.2/低风险)$$

同理可以得到技术风险和业主信誉风险的隶属度:

$$A_{技术} = (0.1/高风险, 0.3/中风险, 0.6/低风险)$$

$$A_{业主} = (0.2/高风险, 0.4/中风险, 0.4/低风险)$$

由各风险的隶属度可得模糊矩阵:

$$S = \begin{bmatrix} 0.5 & 0.3 & 0.2 \\ 0.1 & 0.3 & 0.6 \\ 0.2 & 0.4 & 0.4 \end{bmatrix}$$

因此,对该项目的综合评价为

$$C = R \cdot S = \begin{bmatrix} 0.5 & 0.3 & 0.3 \end{bmatrix}$$

由以上结果可见,最大值为 0.5(商务风险),其他两类风险的严重程度均为 0.3,因此可以判断该项目总体为中低风险项目。

第五章 风险应对

通过风险分析,项目的风险管理者对项目存在的种种风险和潜在损失等方面有了一定的把握,在此基础上,管理者面临的问题就是如何对项目中已存在的各种风险进行应对,以使最终的方案决策顺利实施。

第一节 工程项目风险应对概述

一、风险应对的含义和依据

1. 风险应对含义

风险应对就是对风险提出处置意见和办法。通过对项目风险识别、估计和评价,把项目风险发生的概率、损失严重程度以及其他因素综合起来考虑,就可得出项目发生各种风险的可能性及其危害程度,再与公认的安全指标相比较,就可确定项目的危险等级,从而决定应采取什么样的措施以及控制措施应采取到什么程度。

2. 风险应对依据

(1) 风险管理计划。

(2) 风险排序。将风险按其可能性、对项目目标的影响程度、缓急程度分级排序,说明要抓住的机会和要应付的威胁。

(3) 风险认知。风险认识是对可放弃的机会和可接受的风险的认知,不同的认知度会影响风险应对计划。

(4) 风险主体。项目利益相关者中可以作为风险应对主体的名单,风险主体应参与制定风险应对的计划。

(5) 一般风险应对。许多风险可能是由某一个共同的原因造成的,这种情况下为利用一种应对方案缓和两个或更多项目风险提供了机会。

二、项目风险应对计划

编制项目风险应对计划必须充分考虑风险的严重性、应对风险所花费用的有效性、采取措施的适时性以及和项目环境的适应性等。在编制项目风险应对计划时,经常需要考虑多个应对方案,并从中选择其中一个优化的方案。

项目风险应对计划的主要内容包括:

(1) 项目已识别风险的描述，包括项目分解、风险成因和对项目目标的影响等。
(2) 项目风险承担人及他们应分担的风险。
(3) 风险分析及其信息处理过程的安排。
(4) 针对每项风险，所用应对措施的选择和实施行动计划。
(5) 采取措施后，期望残留风险的水平的确定。
(6) 风险应对的费用预算和时间计划。
(7) 处置风险的应急计划和退却计划。

三、项目风险应对策略

项目常用的风险应对策略和措施有：风险规避、风险转移、风险缓解、风险自留和风险利用，以及这些策略的组合。对某一工程项目风险，可能有多种应对策略或措施；同一种类的风险问题，对于不同的工程项目主体采用的风险应对策略或措施可能不一样。因此，需要根据工程实践的风险情况以及风险管理者的心理承受能力、抗风险的能力等因素去确定应采取何种风险应对策略或措施。在工程项目风险管理实践中，人们总结了应对工程项目风险常用的策略或措施，如表 5-1 所示。

表 5-1　　　　　　　　　　一般的风险应对策略

风险类型	风险管理策略	风险应对措施
1. 工程设计风险		
设计深度不足	风险自留	索赔
设计缺陷或忽视	风险自留	索赔
地质条件复杂	风险转移	合同中分清责任
2. 自然环境风险		
对永久结构的损坏	风险转移	购买保险
对材料、设备的损坏	风险控制	加强保护措施
造成人员伤亡	风险转移	购买保险
火灾	风险转移	购买保险
洪灾	风险转移	购买保险
地震	风险转移	购买保险
泥石流	风险转移	购买保险
塌方	风险转移	预防措施

续表

风险类型	风险管理策略	风险应对措施
3. 社会环境风险		
法律法规变化	风险自留	索赔
战争和内乱	风险转移	购买保险
没收	风险自留	运用合同条件
禁运	风险控制	降低损失
社会风气腐败	风险自留	预留损失费
4. 经济风险		
通货膨胀	风险自留	考虑应急费用
汇率浮动	风险转移	投保汇率险
供应商违约	风险转移	履约保函
业主违约	风险自留	索赔
标价过低	风险分散	分包
5. 施工风险		
自然条件恶劣	风险自留	索赔、预防措施
劳务争端	风险自留	预防措施
工作失误	风险控制	预防措施
设备损毁	风险转移	购买保险
伤亡事故	风险转移	购买保险

第二节　工程项目风险应对策略

一、风险规避

风险规避是通过变更项目计划，从而消除风险或风险产生的条件，或者是保护项目的目标不受风险的影响。从风险管理的角度看，风险规避是一种最彻底地消除风险影响的方法。

工程项目的风险是不可能全部消除的，但借助于风险规避的一些方法，对一些特定的风险，在它发生之前就消除其发生的机会或可能造成的种种损失还是有可能的。

风险规避的方式有如下两种：

（1）规避风险事件发生的概率。

（2）规避风险事件发生后可能有的损失。

在工程项目风险管理中,风险规避可采用上述两种方式中的任何一种,很多情况可能是上述两种方式同时使用。下面介绍风险规避的具体方法及其局限性。

（一）风险规避方法

1. 终止法

终止法是规避风险的基本方法。它是通过终止项目或项目计划的实施来规避风险的一种方法。例如,某工程项目在经过可行性分析后,若发现在实施该项目后会面临较大的经济风险,此时立即停止该项目的实施,并放弃这一项目的计划,这样就可以从根本上避免受到更大的风险损失。

2. 工程法

工程法是一种有形的规避风险方法,它以工程技术为手段,消除物质性风险的威胁。例如,施工单位在安全管理中,在高空作业下方设置安全网;在楼梯口、预留洞口等设置护栏等均是十分典型的工程法规避风险的措施。工程法的特点是:每一种措施总是与具体的工程设施相联,因此采用该方法规避风险的成本一般较高。

3. 程序法

程序法是一种无形的风险规避方法,其要求用标准化、制度化、规范化的方式从事工程项目活动,从而避免可能引发的风险或不必要的损失。在宏观上,建设项目有其必须遵守的法律、法规;在项目的实施过程中,也要按程序一步一步进行,对重要的环节,要求完成一步后就评审或验收一步,以防给以后的生产过程留下不利的条件,引发风险事件。在微观上,工程项目的施工过程是由一系列的作业组成的,在作业之间有些存在着严格的先后作业逻辑关系,在施工过程中要求严格按作业程序施工,以免发生风险。

4. 教育法

对项目人员开展广泛教育,提高大家的风险意识,是避免工程项目风险的重要而有效的途径之一。教育的内容一般包括:工程经济、技术、质量、安全等方面的知识,教育的目的是让项目人员认识到个人的任何疏忽都会给工程项目带来很大的损失,并应使大家认识或了解项目目前所面临的风险,了解和掌握处置风险的方法。

（二）风险规避的局限性

风险规避是应对风险的一种行之有效的策略,但该策略也存在着许多局限性,并不是在任何场合、任何项目和任何条件下都可采用。风险规避的局限性表现在以下几方面。

1. 在项目管理的某些条件下，规避风险会丧失机会或阻碍创新。风险规避的最有效的办法是终止法，但是工程项目的一些活动中，不冒这一风险就不可能有机会。例如，在项目中采用新技术、新材料和新工艺无疑会存在一定的风险，但若在项目中放弃或改变这些计划，则工程领域的创新和进步就无从谈起。

2. 在项目实施中，风险规避的策略有时不太现实。风险规避就是要在发现风险时，放弃原计划或彻底改变计划，这在有些情况下是不可能的。很多项目即使存在风险也必须立项、实施，还有些项目如果彻底改变计划可能时间也不允许等。

3. 风险规避策略的选择受到信息不完整的制约。风险规避是建立在对风险事件的发生概率和风险损失有充分认识的基础上的。在实际工程中，自然和社会变幻莫测，并且信息总是存在滞后性，这些不利因素都对人对风险的认识产生偏差，从而制约了风险规避策略。

4. 在项目实施过程中，风险规避策略实际上不可能完全回避风险。当前的风险规避了，新的风险可能又出现了。例如，在工程项目进度控制中，当发现工期目标不能实现时，可采用调整关键线路作业的组织方式来回避工期风险，这种调整虽然将工期风险消除了，却产生了资源供应风险和成本风险。

二、风险转移

在工程项目中，有时一定要面对风险，此时为了控制风险的发生和消除风险造成的损失，必须借助于其他风险应对措施，风险转移就是直面风险而又能有效地处置风险的措施之一。

风险转移是设法将某风险的结果连同对风险应对的权利和责任转移给他方。转移风险权将风险管理和责任转移给他方，并不能消除风险。风险转移可以分为保险和非保险两种方式，保险问题将在下一节介绍，本节就非保险风险转移进行介绍。

1. 项目非保险风险转移的方式

（1）采用担保或履约保函方式转移风险。业主为了避免出现承包人在中标后不签承包合同或签合同后不履约等风险，可以在投标过程中、签订合同前以及支付预付款前，分别要求承包人提交由担保公司出具的履约提保或由银行出具的履约保函，将承包人可能会出现的违约风险转移给出具担保的担保公司或出具保函的银行。

（2）采用分包方式转移风险。承包人在履行合同的过程中，当遇到一些特殊的施工时可能会有较大的风险,此时承包人一般将其分包,从而将风险转移给分包人。

(3) 采用适当的合同计价方式转移风险。相对项目业主而言,根据具体工程条件,选择适当的施工合同的计价形式,可以有效地转移风险。例如,业主判断出工程的施工工期不长,在施工过程中也不会作太大的变动,业主此时可以选择施工总价合同,这样就把在施工过程中可能出现的费用风险转移给了承包人。

(4) 运用合同条件转移风险。这是一种利用合同条件来开脱责任的转移风险方式。例如,业主在施工合同条件中规定,基础单价在施工期间不作调整。对于这样的规定,若施工过程时物价上涨,施工成本肯定存在风险,而这部分风险实际已经由业主转移给了承包人。

2. 项目非保险风险转移的特点和局限性

1) 项目非保险风险转移的特点

(1) 在大多数情况下,风险转移并不能消除风险,而主要是将风险转移给他人,这与采用保险方式类似,但与风险规避比较存在很大的差别。

(2) 项目非保险风险转移是一种较为灵活的风险转移方式,对工程项目业主而言,在某些情况下,非保险风险转移能否获得成功,主要取决于灵活地、巧妙地运用各种合同条件。

(3) 项目某些非保险风险转移方式可以改变风险量,如分包。

(4) 项目的非保险风险转移几乎不需要任何成本,只是在合同条件及合同评议上下功夫,是一种经济的风险转移方式。

2) 项目非保险风险转移的局限性

(1) 项目非保险风险转移受到国家法律和法规合同文本的限制。例如,工程转包是一种非常典型的工程项目风险转移的方式,但在我国法律中明确规定是不允许工程转包的。又如,目前在工程上广泛应用了标准化的合同条件,这种合同条件,具有明确的法律意义与标准,在这样的条件下要实现风险转移,必须寻找合同文本的漏洞,使工程项目风险合理合法地转移,否则风险转移无法实现。

(2) 项目非保险风险转移存在一定的盲目性。一方面,风险转移决策是建立在风险分析基础上的,若所用的信息不准,则可能会失去机会;另一方面,在风险转移的对象上,若其本身就没有这种抗风险能力,最终可能会招致更大的风险。

(3) 从理论上讲,项目的非保险风险转移是十分经济的,但在某些风险转移中,可能有会支付较高的费用。例如,在某些条件下,利用法律或合同条件实现了风险转移,然而在风险一旦发生后,双方可能会有争端,当争端不能协商解决时,可能要诉诸法律,费用可能会较高。

三、风险缓解

风险缓解又称为减轻风险,是指工程项目风险的发生概率或后果降低到某一可以接受程度的过程。风险缓解不能消除风险,也不能回避风险,而是减轻风险。风险缓解要达到的目标主要取决于项目的具体情况、项目管理的要求和对风险的认识程度。在制定风险缓解措施之前,必须将风险缓解的程度具体化,即要确定风险缓解后的可接受水平。如,风险发生概率控制在一个什么范围内,风险损失应控制在什么标准之内等。一般而言,早期采用缓解风险的措施,比在风险发生后再采取措施有更好的效果。

1. 风险缓解的途径

1) 降低风险发生的可能性

采取各种预防措施,以降低风险发生的可能性是风险缓解的重要途径。例如,生产管理人员通过加强安全教育和强化安全措施,以减少事故发生的机会;施工承包商通过质量控制标准以防止工程质量不合格而引起的返工或罚款等。

2) 控制风险损失

控制风险损失通常可以采用以下措施:

(1) 预防风险源的产生;

(2) 减少构成风险的因素;

(3) 防止已经存在的风险扩散;

(4) 降低风险扩散速度,限制风险的影响空间;

(5) 在时间和空间上将风险和被保护对象隔离;

(6) 迅速处理风险已经形成的损失,控制其继续蔓延。

3) 分散风险

分散风险是指通过增加风险承担者,以达到减轻总体风险压力的目的。例如,采用联合摊贩标的方式来分散风险。一旦落标时,对某一个投标人而言,风险并不需要单独承担,因事先作了分散。

4) 后备应急措施

风险发生后,若事先考虑了后备应急措施,则风险的损失将会得到有效遏制,对项目目标的实现不会造成太大的影响。

2. 风险缓解的特点

(1) 风险缓解的前提是承认风险事件的客观存在,然后再考虑适当的措施去降低风险出现的概率或减少风险造成的损失,它不是设法消除风险。

(2) 对于项目主体而言,风险缓解不是从根本上去消除风险,在这一点上其和风险规避及风险转移均不同,因此,一般而言,风险缓解中只是作为一种辅助措施。

四、项目风险自留

风险自留亦称为风险接受,是一种由项目主体自行承担风险后果的一种风险应对策略。这种策略意味着项目主体不改变项目计划去应对某一种风险,或项目主体不能找到其他合适的风险应对策略而采取的一种风险应对方式。采用风险自留时,一般需要事先准备一笔费用,一旦风险发生时,将这笔费用用于损失补偿。

1. 风险自留的特点

(1) 风险自留是一种财务技术,其明知有风险发生而不去转移或控制。风险自留是风险一旦发生后,依靠项目主体自己的财力去弥补财务上的损失,而不采取任何专门的预防措施。

(2) 风险自留要求对风险损失有充分的估计,其损失不超过项目主体的风险承受能力。采用风险自留应对措施,风险将全由该项目主体承担,因此风险可能的损失有多大,以及是否超出了项目主体的风险承受能力,这些是必须要把握的。

(3) 风险自留要求项目主体制定后备措施。风险自留一般在事先对风险不加控制,但有必要制定一个应对计划,以备风险发生之用。

(4) 风险自留主要用于处置残余风险。一方面项目的风险难以精确地识别和估计,项目主体的风险承受能力也有限,因此风险自留一般并不直接应用于处置某一风险事件;另一方面,项目在实施过程中面临着种种风险因素,往往难以把握所有风险及损失的后果,也不可能使用一种或数种风险应对措施就可将所有的风险全部处置。因此,对于一些残余风险损失,就应由项目主体自己承担或保留。

2. 风险自留的类型

(1) 主动风险自留。指项目风险管理者在识别风险及其损失并权衡了处置风险技术后,主动将风险自留作为应对风险的措施,同时适当安排了一定的财力预备。主动风险自留要求对风险发生的可能性和损失后果有充分的把握,保证不能超过项目主体的风险承受能力。

(2) 被动风险自留。指没有充分识别风险及其损失的最坏后果,没有考虑其他风险处置措施的条件下,不得不由自己承担损失后果的风险应对方式。显然,被动风险自留是不可取的。

3. 风险自留的局限性

(1) 风险自留可能面临更大的风险。风险自留以具有一定的财力为条件,使风险发生后的损失得到补偿。从降低成本、节省工程费用角度出发,将风险自留作为一种主动的方式应用时,可能面临着某种程度的风险及损失后果,在极端情况下,可能使项目主体承担非常大的风险,以致危害整个项目主体的生存与发展。

(2) 在项目风险管理中,对某一风险采用风险自留策略时,充分掌握该风险事件的信息是一个前提条件,这一点如果做不到,将会给风险自留带来很大的隐患。因此,风险自留适用于应对损失后果不大的这类风险。如工程材料价格波动风险、工程设计不足风险、施工现场条件恶劣风险等。

五、风险利用

风险利用是针对投机风险而言的,在项目风险管理中,这类风险的利用是可能,也是必要的。

1. 风险利用的可能性

(1) 影响项目风险的因素是在变化的,风险特殊性于多种因素的变化之中,若能驾驭风险,就有可能利用风险,化不利为有利。例如,在项目投标阶段,价格因素一般是中标的主要因素,但这不是一成不变的:对某些工期紧迫的工程,工期和质量保证措施可能是更重要的,在这种情况下,可能在报价中等的条件下,给出工期控制和质量控制的优化方案可能会更易中标。

(2) 风险的后果在不断变化,关键在于如何把握和应对风险。例如,原预测的某分项工程的某目标风险,由于项目经理较为重视或预先采取了应对措施,最后可能就不再是风险了。

2. 风险利用的要点

1) 分析风险利用的可能性和价值

风险利用的第一步是分析利用某风险的可能性和利用的价值。分析的主要内容包括:

① 存在的风险因素及其可能的变化;

② 风险事件最终可能导致的后果;

③ 由各风险因素的特点,探求改变或利用这些因素的可行办法;

④ 风险利用可能得到的结果。

2) 分析风险利用的代价、评估承受风险的能力

决定是否利用风险前,必须对利用风险所要付出的代价进行分析,以提供决策支持。分析计算代价时,需要同时考虑直接费用和间接费用,还要考虑到风险利用可能带来的隐性损失。例如,项目进度风险损失,不是简单的工期延误,它还和费用直接相关,在计算代价时,也应该考虑这部分费用。

3) 风险利用策略

在风险利用过程中,一般要注意把握以下几点:

（1）风险利用的决策要果断。风险利用实际上是利用风险背后的机会，把握这种机会要付出一定的代价，也有一定的难度。然而这种机会与一般的商业机会一样，并不是随时可有的，往往是稍纵即逝，这就要求风险管理者对此类机会有深刻的认识，在此基础上，作出风险利用的决策。

（2）要量力而行，实现风险利用的目标。利用风险对项目主体的实力要求很高，这包括经济实力和驾驭风险的能力。例如，投标人在投标中报价低，面临的将是不能盈利甚至亏损的风险，若其在项目实施过程中不能发挥优势，则绝不能采用低报价的方案。

（3）要制定多种应对方案。风险利用在事先做好充分准备的基础上，要设计多种应对方案，既要研究充分利用、扩大成果的策略，也要考虑退却的部署。

（4）严格进行风险监控。一般而言，可利用的风险均具有两面性，是机会还是风险，这是不确定的，也是在不断发展变化的。这就要求风险管理人员加强监控，因势利导。若发现问题，应及时采取转移或缓解风险的应对措施；或出现机遇，要把握时间，扩大成果。

第三节　工程保险

保险是风险转移的方式之一，它是指项目业主或承包人向保险人缴纳一定的保险费用，当所投保的风险事件发生时，所造成的损失由保险给予一定补偿的一种制度。

一、保险的基本特征和应用原则

1. 保险的基本特征

（1）保险在带来收益的同时，也增加了成本。保险可以给意外损失一定的补偿，又减少了项目的不确定性，但同时也要付出相应的代价。首先，投保人要支付保险费用；其次，保险会产生社会道德危险，如一些缺乏道德的人为了得到保金而故意制造损失等；保险可能会带来社会预防风险的疏忽思想。

（2）保险本身也具有局限性，这主要表现在：
① 多数的保险只承保纯风险，对于投机风险一般很少经营；
② 保险受法律制约，一般情况下，一家保险公司只能经营一种险种；
③ 保险需要投入大量资金。

（3）保险必须与其他风险应对策略相结合。

2.保险的基本应用原则

(1) 诚信原则

任何保险合同的签订都必须以诚信为基础。基于诚信的基础,投保人在申请保险时,必须向保险人陈述自身情况,凡与风险有关的实质性重要事实都要如实陈报。陈报事实应在签保险合同之前进行。

(2) 可保利益原则

被保险人要求保险人保障的是他对保险标的具有的利益,这种可以进行保险的利益叫做可保利益。财产保险要求在承保时,被保险人对所保财产要具备三个根本条件:必须是能够为意外灾害事故所损毁的物质;这一物质是保险财产;被保险人对所保财产具有可保利益。可见,可保利益是财产保险中的必要条件之一。

(3) 赔偿原则

保险合同是赔偿性质的合同,当被保险人的财产发生保险责任范围内的灾害事故时,保险人应当按合同所规定的条件进行赔偿,在履行赔偿责任时应注意以下原则:

① 保险人应按被保险人所遭受的实现损失给予赔偿;

② 保险人对赔偿金额有一定的限度;

③ 保险人对赔偿内容可以选择;

④ 被保险人不能通过赔偿而获得额外的利益;

⑤ 如果损失由第三方造成,如果被保险人已经得到保险人的赔偿,则不能再从第三方处获得额外利益。

二、工程保险

1.工程保险的特点

工程保险是指工程项目业主或承包人向保险公司缴纳一定的保险费,由保险公司建立保险基金,一旦发生所投保的风险事故造成财产或人身伤亡时,即由保险公司用保险基金予以补偿的一种制度。由于工程项目的建设周期长、施工复杂、受社会和自然环境的影响大,因此工程保险有其自身的特点,主要表现在以下几个方面。

(1) 项目投保主体的确定性。在项目施工过程中,常用施工合同来明确风险的分配和承担风险的责任主体,因此,对某一具体风险而言,其责任人是明确的,从而用保险来应对某一具体风险时,其投保主体是确定的。

(2) 工程项目保险的多样性。多样性体现在投保人的多样性和保险类型的多样性。

(3)工程项目保险内容的确定性。工程保险有特定的投保险种和要求承担的相应责任,保险人对承保项目的责任和补偿办法都是通过保险合同明确规定的。

(4)工程项目保险具有阶段性。大型项目一般分为若干分项分步工程,工程保险一般都是针对单体工程而进行的,因而保险的作用也具有阶段性。

(5)计费基础和保险费率具有不确定性。保险的计费标准、费率一般是根据具体工程项目所处的地区和环境特点、工程项目风险因素等作出的分析,并根据承保人要求承保的年限,结合保险法律法规和通告的做法确定的。

2.工程保险的种类

按保障范围分类,工程保险可以分为如下几类:

1)建筑工程一切险

它主要以建筑工程为标的的一种险,它既对在施工期间工程本身、施工机具或工地设备所受到的损失给予赔偿,也对因施工对第三者造成的物资或人员伤亡承担赔偿责任。建筑工程承保的工程包括各类以土木建筑为主体的工业、民用和公共事业用的工程,如工业与民用建筑工程、公路、桥梁、铁路、港口以及机场等。

建筑工程一切险承保的具体工程范围包括:建筑工程(包括永久和临时工程及材料,它指由总承包商和分包商为履行合同而实施的全部工程,如准备工程、临时工程、主体工程及存放于工地的为施工所需的材料等);施工用机械、设施和设备,包括大型运输和施工机械、吊车、工地车辆、临时房、材料库房、脚手架、水电供应设施等;安装工程项目,此时建筑部分是主导工程,否则可以投安装工程一切险;场地清理费;所有人提供的物料及其他财产。

建筑工程一切险的责任范围包括:

(1)自然灾害或其他不可抗力造成的损失;

(2)偷窃、抢劫造成的损失;

(3)工人或技术人员由于缺乏经验、疏忽、过失等行为造成的损失;

(4)材料缺陷、工艺不当所引起的事故或损失;

(5)保险合同除外责任以外的其他意外事件。

建筑工程一切险的保险期自保险合同内规定的日期或事件发生日期起开始生效,其终止一般有以下三种情况:

(1)被保工程中有一部分先验收或投入使用时,自动终止这部分的保险责任;

(2)含安装工程项目的建筑工程一切险的保险合同通过规定为试车期;

(3)工程验收后的保修期内,一般根据具体情况规定是否投保。

建筑工程一切险的保险金额通常按不同保险标的而定,一般包括:

(1)建筑工程保险金额为承保工程总金额,如有临时工程,还应注明临时工程

部分的保险金额;

(2) 施工机械及设备的价格;

(3) 安装工程项目的保险一般不超过整个工程项目保险金额的20%;

(4) 场地清理费,一般不超过工程总保险金额的5%;

(5) 工程所有人或承包人在工地内的其他财物,对这部分进行投保时,应在保险合同中写明。

建筑工程一切险没有固定的保险费率,通常要根据风险的大小确定,一般由下列五个方面的分项费率组成:

(1) 建筑工程、所有人提供的物料及项目、安装工程项目、场地清理费、工地内现存的建筑物、工地内的其他财产等为一个总的费率,规定整个工期内为一个费率;

(2) 机械、设备为单独的年度费率;

(3) 第三者责任险费率,按整个工期一次性费率计算;

(4) 保证期内实行整个保证期一次性费率;

(5) 各种附加保障增收费率或保费,也按整个工期的一次性费率计算。

建筑一切险的投保步骤:

(1) 投保人准备投保所需的文件:投保申请书、工程合同、承包金额明细表、工程设计文件、工程进度表、工程地勘报告等。

(2) 承包人调查核实,应重点对以下环节进行调查:工地所处位置的环境和地势、工地状况、安装项目及设备情况、仓库状况、工地管理情况、安全保卫措施等。

(3) 保险双方确认保险合同内容,其要点有:建筑工程项目及其总金额、物资损失部分的免赔额及特种危险赔偿限额、是否投保安装项目、是否投保施工机具设备、是否投保场地清理费、是否加保保修期、是否投保第三责任险、是否需要一些特殊的文件和费率等。

2) 安装工程一切险

安装工程一切险主要是承保机械和设备在安装过程中由种种原因造成的损失,包括物质损失、费用损失和第三者损害的赔偿责任。其承保的具体内容有:安装项目,如机械、设备、装置、材料、基础、水电设施等;土木建筑工程项目,此时土木工程项目不超过总价的20%;场地清理费用;业主或承包商在工地上的其他财产。

安全工程一切险的保险期在保险单列明的起始日期前提下,自投保工程的动工日或第一批被保险项目被卸到施工地点时开始生效,其终止日可以是安装完毕验收通过之日或保险单上所列明的终止日。其保险金额包括安装项目金额、土木建筑工程项目、场地清理费、业主或承包人在工地上的其他财产、第三者责任部分的赔偿金额等。安装工程一切险的保险费率按承保项目整个工期计算,一般没有固定的费率,不同的工程项目之间差异很大。

3) 社会保险

在工程项目中主要指伤害保险,伤害保险分为雇主责任险和人身意外伤害险两种,雇主责任险是指雇主为其雇员投的保险,保障员工在受雇期间因工作而受到的意外伤害;人身意外险也是保障人身在受到意外伤害时得到补偿,其可以是雇主投保也可以是雇员个人投保。

4) 货运险

货运险指业主或承包人为保证工程的实施,需要通过内河、内陆及境内空运手段,将工程所需材料运至工地过程中可能发生的危险损失赔偿责任。这类保险常通过分为直接业务(由保险公司直接签发保单)、代理业务(由代理人签发保单)、预约业务等三种形式。其基本险的责任包括:因自然灾害或其他不可抗力造成的损失;由于运输工具发生事故导致的损失;在货物装卸过程由于操作不当造成的损失;按惯例应分摊的共同损失的费用。

工程保险要据不同的投保内容,其具体形式很多,针对具体的风险情况,应采取最合适的投保方式,保险人员也应根据项目实际情况,决定是否接纳保险申请以及签发何种保险险单。表 5-2 给出了建筑工程一切险保险单范式。

表 5-2　　　　　　　建筑工程一切险保险单范式

××××保险公司建筑工程一切险保险单		
		保险单号＿＿＿＿
××××保险公司根据投保人第＿＿＿号申请书,在投保人缴付约定的保险费后,同意按本保险单条款、附加条款及批单的规定以及明细表所列项目及条件承保建筑工程一切险。		
明细表		
投保人姓名和地址:		
被保险人、地址及其在工程中的身份:		
建筑工程名称和地点:		
物质损失		
保险项目	保险金额	免赔额
1.建筑工程(包括永久和临时工程及物料)		
2.所有人提供的物料及项目		
3.安装工程项目		
4.建筑用机械、装置及设备		

5.场地清理费		
6.工地内现成的建筑物		
7.所有人或承包人在工地上的其他财产		

特种危险赔偿限额

危险种类	赔偿限额	免赔额
地震、海啸		
洪水、暴雨		

第三责任

保险项目	赔偿限额	免赔额
1.人身伤害		
每人		
总额		
2.财产损失		
总赔偿限额		
保险期限		

建筑期限：　　　　　　　　自　年　月　日起

　　　　　　　　　　　　　　　　　　至　年　月　日止

保险费总额	
附加条款/或批文	

投保申请书日期：　年　月　日

保险单签发日期：　年　月　日

××××保险公司

第六章　风险监控

风险监控是工程项目风险管理的一项重要工作。在工程项目的实施过程中，风险会不断发生变化，可能会有新的风险出现，预期的风险也可能会消失。工程项目风险监控主要任务是：随着工程项目的进展，密切跟踪已识别的风险，监视残余风险和识别新的风险；分析工程项目目标的实现程度，以及风险因素的变化和风险应对措施产生的效果；进一步寻找机会，细化风险应对措施，实现消除或减轻风险的目标。

第一节　工程项目风险监控概述

工程项目风险监控，即对工程项目风险的监视和控制。风险监视是在采取风险应对措施后，对风险和风险因素的发展变化的观察和把握；风险控制则是在风险监视的基础上，采取的技术、作业或者管理措施。在某一时段内，风险监视和控制交替进行，即发现风险后经常需要马上采取控制措施，或风险因素消失后立即调整风险应对措施。因此，常将风险监视和控制整合起来考虑。

一、工程项目风险监控的必要性

工程项目风险监控在风险管理中是一不可缺少的环节。工程项目风险监控的必要性表现在：

（1）随着工程的进展，反映工程建设环境和工程实施方面的信息越来越多，原来不确定的因素也在逐步清晰，原来对风险判断是否客观，需要用最新信息作出评价，以便进一步采取更具体的应对措施。

（2）已经采取的风险应对措施是否适当，也需要通过风险监视对其作出客观的评价。如果发现已采取的应对措施是合理的，收到了较理想的风险控制效果，则继续控制；如发现已采取的措施是错误的，则应尽早采取纠正行动，以减少可能的损失；若发现应对措施并不错，但其效果不理想，此时，不宜过早地改变正确的决策，而是要寻找原因，并采取适当调整应对策略，争取收到理想的控制风险的效果。

（3）采取风险应对措施后，会留下残余风险和以前未识别的新风险，对这些风险需要在监控阶段进行评价和考虑应对措施。

二、工程项目风险监控时机

什么时候进行监控,以及将付出多大的代价进行监控,这是项目风险管理中需要把握的。这一般决定于经过识别和评价的风险是否对工程项目造成了或将造成不能接受的威胁。如果是,那是否有可行的办法规避或缓解之?对此,在工程项目的不同阶段,其处理方法不尽相同。

在项目的决策阶段,一般要做两种比较:一是把接受风险得到的直接收益和可能蒙受的直接损失进行比较;二是把接受风险得到的间接收益和可能蒙受的间接损失进行比较。综合2种比较结果,决定项目是否继续。当项目需要继续,而项目风险又比较大时,则需要对其进行监控。

在项目实施阶段,当发现项目风险对实现项目目标威胁较大,且需要采取规避、转移和缓解等应对措施时,一般也需要对其采取控制。采用多大的力度进行监控,即监控拟付出多大的代价,这决定于项目风险对项目目标的威胁程度,这一般需做适当的风险成本分析,然后采取合理的控制技术和措施。

三、工程项目风险监控的依据

工程项目风险监控的主要依据包括:

(1) 风险管理计划。对已识别的风险的管理活动都是按这一计划展开的,但在新的风险出现后应立即对其更新。

(2) 风险应对计划。它是风险应对措施和项目风险控制工作的具体计划与安排,是工程项目风险控制的直接依据之一。

(3) 工程项目的变更。对工程项目做出变更后,可能出现新的风险。

(4) 在工程项目实施中新识别的风险。随着工程项目的进展,建设环境也在不断地发生变化,新的风险常常也随之产生。

(5) 发生了的风险事件。某一风险事件发生后,对工程项目的建设环境一般会有一定的影响。这对其他风险事件发生的可能性或可能的后果一般也会产生影响。

四、工程项目风险监控的内容

工程项目风险监控不能仅停留在关注风险的大小上,还要分析影响风险事件因素的发展和变化,具体风险监控的内容包括:

(1) 风险应对措施是否按计划正在实施;

(2) 风险应对措施是否如预期的那样有效,收到显著效果,或者是否需要制定

新的应对方案;

（3）对工程项目建设环境的预期分析,以及对项目整体目标实现可能性的预期分析是否仍然成立;

（4）风险的发生情况与预期的状态相比是否发生了变化,并对风险的发展变化作出分析判断;

（5）识别到的风险哪些已发生,哪些正发生,哪些有可能在后面发生;

（6）是否出现了新的风险因素和新的风险事件,它们的发展变化趋势又是如何等。

第二节　工程项目风险监视方法

工程项目进度、质量和费用这三大目标是风险监视的主要对象。对不同的目标应采用不同的监控方法;对同一目标也应分不同层次,采用适当的方法分别进行监控,以取得分析判断风险发展变化的信息。

一、工程项目进度风险监视方法

可以用横道图法和前锋线法监视局部工程进度情况,用 S 曲线法监视整体工程进度情况。

1. 横道图法

利用横道图进行进度控制时,可以将每天、每周或每月实际进度情况定期记录在横道图上,用以直观地比较计划进度与实际进度,检查实际执行的进度是超前、落后,还是按计划进行。若通过检查发现实际进度落后了,则有可能存在工程项目的进度风险。

横道图法如图 6-1 所示。图中用实心和空心的横道线分别表示实际进度和计划进度,差别极易分清。通过对 10 日的检查,就会发现活动 E 已提前完成,其他活动按计划进行。

2. 前锋线法

前锋线法也是一种监视工程进度风险的有效方法。前锋线又称为实际进度前锋线,它是在网络计划执行中的某一时刻正在进行的各活动的实际进度前锋的连线。前锋线一般是在事件坐标网络图上标示的,从时间坐标轴开始,自上而下依次连接各线路的实际进度前锋,即形成一条波折线,这条波折线就是前锋线,如图 6-2 中的波折线。

画前锋线的关键是标定各活动的实际进度前锋位置,其标定方法有两种:

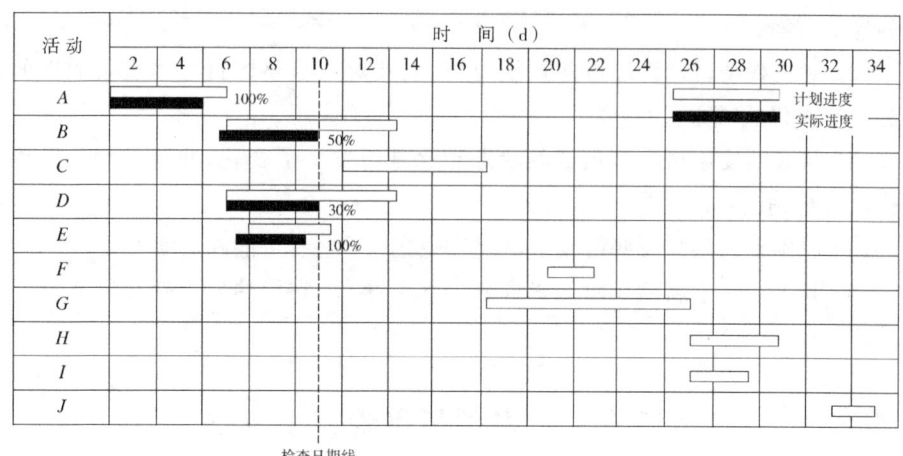

图 6-1 横道图法监视工程进度示例

(1) 按已完成的工程实物量比例来标定。时间坐标网络图上箭线的长度与相应活动的历时对应,也与工程实物量成比例。检查计划时刻某活动的工程实物量完成了百分之几,其前锋点自左至右在箭线长度的几分之几的位置。

(2) 按尚需时间来标定。有时活动的历时是难于按工程实物量来换算的,只能根据经验或用其他办法来估算。要标定该活动在某时刻的实际进度前锋,就用估算办法估算出从该时刻起到完成该活动还需要的时间,从箭线的末端反过来自右到左进行标定。

图 6-2 是一份时间坐标网络计划用前锋线进行检查的示例图。该图有 4 条前锋线,分别记录了 6 月 25 日、6 月 30 日、7 月 5 日和 7 月 10 日 4 次检查的结果。

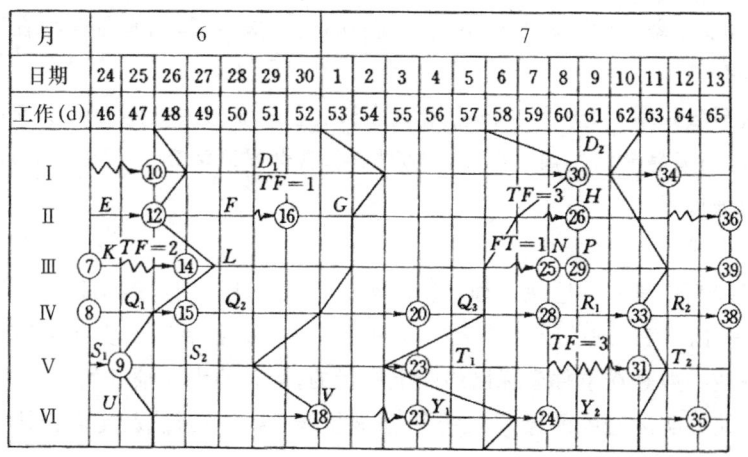

图 6-2 前锋线法示意图

实际进度前锋线的功能包括两个方面:分析当前进度和预测未来的进度。

(1) 分析当前进度。以表示检查时刻的日期为基准,前锋线堪称描述实际进度的波折线。处于波峰上的线路,其进度相对于相邻线路超前,处于波谷上的线路,其进度相对于相邻线路落后。在基准线前面的线路比原计划超前,在基准线后面的线路比原计划落后。画出前锋线,整个工程在该检查计划时刻的实际进度状况便可一目了然。按一定时间间隔检查进度计划,并画出每次检查时的实际进度前锋线,可形象地描述实际进度与计划进度的差异。检查时间间隔愈短,描述愈精确。

(2) 进度风险分析。通过对当前时刻和过去时刻两条前锋线的分析比较,可根据过去和目前情况,在一定范围对工程未来的进度变化趋势作出分析。

将前后两条前锋线间某线路上截取的线段长度 ΔX 与这两条前锋线之间的时间间隔 ΔT 之比称进度比,并用 B 表示。进度比 B 的数据计算式为

$$B = \frac{\Delta X}{\Delta T} \tag{6-1}$$

B 值的大小反映了该线路的实际进度速度的大小。某线路的实际进展速度与原计划相比是快、是慢或相等时,B 相应的值为大于1、小于1或等于1。根据 B 值的大小,就有可能对该线路未来的进度是否存在风险作出定量的分析。

以图 6-2 为例,6 月 25 日和 6 月 30 日两条前锋线的时间间隔是 5 天,它们在线路 I 上截取的长度为 6 天,则有:

$$B = \frac{\Delta X}{\Delta T} = \frac{6}{5} = 1.2 \tag{6-2}$$

即平均每天完成原定 1.2 天的任务。6 月 30 日线路 I 比原计划超前 2 天,如果进展速度不变,可以预测再过 5 天,即到 7 月 5 日,线路 I 的前锋线将到达 7 月 8 日位置,比原计划超前 3 天,实际情况如图 6-2 中 7 月 5 日前锋线所示。又如线路 III,在该时段内 $B=4/5=0.8$,6 月 30 日实际进度比原计划超前 1 天,到 7 月 5 日它将不再超前,说明该时段内进度减慢了。若按此进度发展,其进度存在着风险。

3. S 曲线法

S 曲线法利用了如图 6-3 所示的监视图,其能直观地反映整个工程项目计划进度和实际进度的情况,是在宏观的层面上对工程项目风险进行分析的方法。

工程项目实施过程中,每隔一段时间将实际进展情况绘制在原计划的 S 曲线上进行直观比较。通过比较,可得如下信息:

(1) 实际工程进展速度

(2) 进度超前或延迟时间(存在的进度风险)

(3) 工程量的完成情况

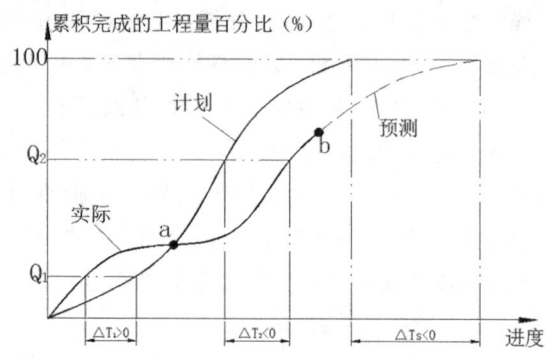

图 6-3　S 曲线法示意图

(4) 后续工程进度预测

二、工程项目技术性能或质量风险监测方法

对工程项目技术性能或质量风险的监视问题主要发生在项目施工阶段,其监视应分施工过程和工程产品的两个层面。对这两个层面的风险监视,均可采用控制图。

控制图也称管理图,它既可用来分析施工工序是否正常、工序质量是否存在风险,也可用以分析工程产品是否存在质量风险。

控制图的一般模式如图 6-4 所示。该图一般有基本的三条线,上控制线(UCL)为控制上限;下控制线(LCL)为控制下限;中心线(CL)为平均值。把被控制对象发出的反映质量状态的质量特性值用图中某一相应点来表示,将连续绘出的点子顺次连接起来,形成表示质量波动的折线,即为控制图图形。

按照控制对象,可将控制图分为计量值控制图和计数值控制图两大类。不同的控制图,其控制界限的具体计算公式也不同,但它们均是根据数理统计理论和工程项目的技术要求来确定的。

经常是根据质量数据点子是否在上下控制界限内和质量数据间的排列位置来分析工程项目质量风险的。

(1) 连续 25 个质量数据的点子均在上线控制线内,或连续 35 个点子中最多只有 1 个点子超出上下控制界限等均属正常范围,否则存在质量隐患。

(2) 控制图中点子出现下列排列现象,即可判为存在质量风险。

① 点子在中心线一侧连续出现 7 次以上者。

② 连续 7 个以上点子在上升或者下降者。

③ 点子出现周期性变化者。

④ 连续3个点子中有2个点子出现在控制界限附近者。

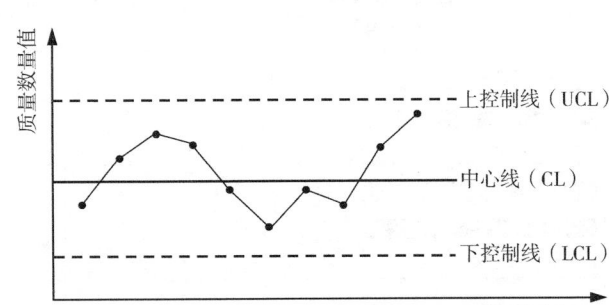

图6-4 质量监视控制示意图

三、工程项目费用风险监视方法

费用风险监视可采用横道图法和挣值分析法，前者可用于局部费用风险作分析，后者则用于对于工程项目的整体风险作分析。

1. 横道图法

用横道图法进行费用偏差分析，是用不同的横道标识已完工程计划费用，拟完工程计划费用和已完工程实际费用，横道的长度与其金额成正比例。图6-5是某工程编号为"01"的子项目用横道图法比较并监视其费用风险的一个例子。

2. 挣值分析法

该方法的分析对象一般是整个工程项目或某一个合同工程项目，可用于分析费用和进度风险。应用这一方法时将完成实际工程费用与已完工程计划费用相比较，可确定工程费用是否存在风险。同时，也可将拟完工程计划费用与已完工程计划费用进行比较，分析工程进度是否存在风险。该方法有下列三个参数：

（1）拟完工程计划费用，记为 C_{BS}，指根据进度计划安排在某一给定时间内所应完成的工程内容的计划费用。

（2）已完工程计划费用，记为 C_{Bp}，指在某一给定时间内实施完成的工程内容的计划费用。

（3）已完成工程实际费用，记为 C_{Ap}，指在某一给定时间内完成的工程内容所实际发生的费用。

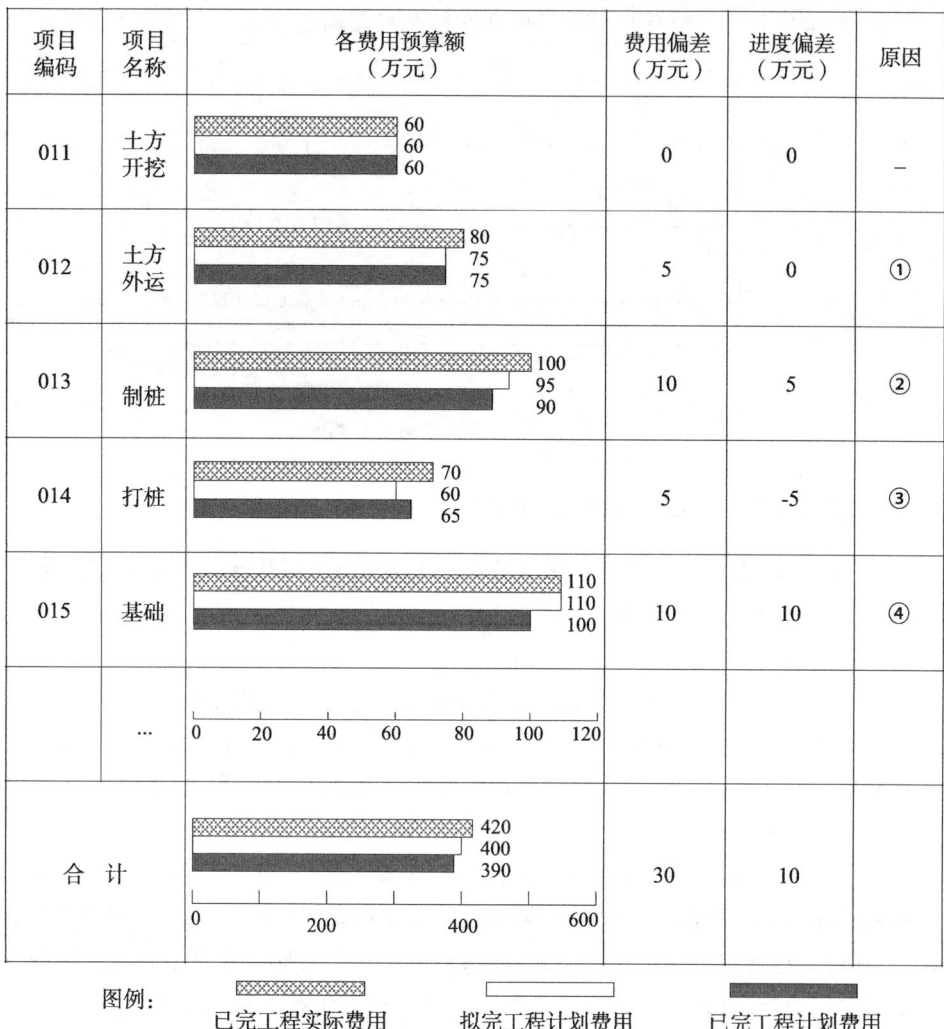

图 6-5 横道图法监视费用风险

在时间—费用坐标系下,上述 3 个参数所对应的曲线如图 6-6。

有了 3 条费用曲线,相应地就有 ΔC_1 和 ΔC_2 两种费用偏差变量,它们的计算公式分别为

$$\Delta C_1 = C_{Ap} - C_{BS} \qquad (6-3)$$

$$\Delta C_2 = C_{Ap} - C_{Bp} \qquad (6-4)$$

挣值分析法便是通过计算这几个参数和费用偏差变量来进行费用比较、分析风险的。但在实际中,由于实际的工程进度不可能完全按计划进度实现,因而从费用比较的要求来看,费用偏差 ΔC_1 并没有什么实际意义,以下所讨论的费用偏差

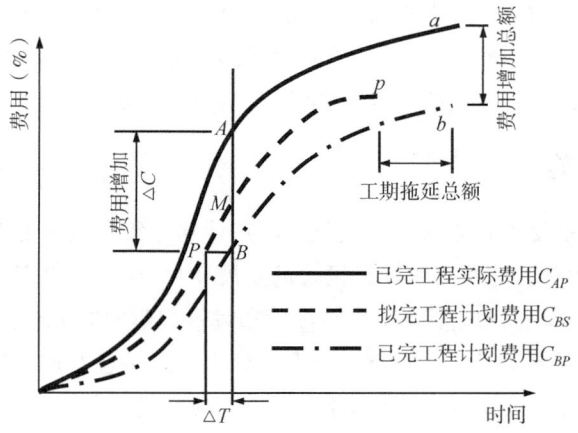

图 6-6 挣值分析法示意图

均指费用偏差 ΔC_2。同时,由于工程费用的发生与工程进展有着密切的关系,因此为了能准确反映费用偏差的情况,引入了进度偏差 ΔT 这一参数。

$$\Delta T = 已完工程的实际时间 - 已完工程的计划时间 \tag{6-5}$$

为了使进度偏差与费用偏差联系起来,也可用上述费用参数来表示为进度偏差:

$$\Delta T = C_{BS} - C_{Bp} \tag{6-6}$$

式(6-5)和式(6-6)中,结果为正值表示工期存在风险,结果为负值表示工期提前。

第三节 工程项目风险控制措施

通过项目风险监视,不但可以把握工程项目风险的现状,而且还可以了解工程项目风险应对措施的实施效果、有效性,以及出现了哪些新的风险事件。在风险监视的基础上,则应针对发现的问题,及时采取措施。这些措施包括:权变措施、纠正措施,以及提出项目变更申请或建议等。并对工程项目风险重新进行评估,对风险应对计划作重新调整。

一、权变措施

风险控制的权变措施,即是未事先计划或考虑到的应对风险的措施。工程项目是一开放性系统,建设环境较为复杂,有许多风险因素在风险计划时考虑不到的,或者对其没有充分的认识。因此,对其的应对措施可能会考虑不足,或者事先根本就没有考虑。而在风险监控时才发现了某些风险的严重性甚至是一些新的风险。若在风险监控中面对这种情况,就要求能随机应变,提出应急应对措施。对这些措施必须有效地做记录,并纳入项目和风险应对计划之中。

二、纠正措施

纠正措施就是使项目未来预计绩效与原定计划一致所做的变更。借助于风险监视的方法,或发现被监视工程项目风险的发展变化,或是否出现了新的风险。若监视结果显示,工程项目风险的变化在按预期发展,风险应对计划也在正常执行,这表明风险计划和应对措施均在有效地发挥作用。若一旦发现工程项目列入控制的风险在进一步发展或出现了新的风险,则应对项目风险作深入分析的评估,并在找出引发风险事件影响因素的基础上,及时采取纠正措施(包括实施应急计划和附加应急计划)。

三、项目变更申请

项目变更申请需求,如提出改变工程项目的范围、改变工程设计、改变实施方案、改变项目环境、改变工程项目费用和进度安排的申请。一般而言,如果频繁执行应急计划或者权变措施,则需要对项目计划进行变更以应对项目风险。

在工程项目施工阶段,在合同的环境下,项目变更也称工程变更。无论是业主、监理单位、设计单位、还是承包商,认为原设计图纸、技术规范、施工条件、施工方案等方面不适应项目目标的实现,或可能会出现风险,均可向监理工程师提出变更要求或建议,但该申请或建议一般要求是书面的。工程变更申请书或建议书包括以下主要内容:

(1)变更的原因及依据;

(2)变更的内容及范围;

(3)变更引起的合同价的增加或减少;

(4)变更引起的合同期的提前或延长;

(5)为审查所必须提交的附图及其计算资料等。

对工程变更申请一般由监理工程师组织审查。监理工程师负责对工程变更申请书或建议书进行审查,应充分与业主、设计单位、承包商进行协商,对变更项目的单价和总价进行估算,分析因变更引起的该项工程费用增加或减少的数额,以及分析工程变更实施后对控制项目的纯风险所产生的效果。工程变更一般应遵循的原则有:

(1) 工程变更的必要性与合理性；
(2) 变更后不降低工程的质量标准，不影响工程完工后的运行与管理；
(3) 工程变更在技术上必须可行、可靠；
(4) 工程变更的费用及工期是经济合理的；
(5) 工程变更尽可能不对后续施工在工期和施工条件上产生不良影响。

四、风险应对计划更新

风险是一随机事件，可能发生，也可能不发生；风险发生后的损失可能不是太严重，比预期的要小，也可能损失较严重，比预期的要大。通过风险监视和采取应对措施，可能会减少一些已识别风险的出现概率和后果。因此，在风险控制的基础上，有必要对项目的各种风险重新进行评估，将项目风险的次序重新进行排列，对风险的应对计划相应地更新，以使新的和重要风险能得到有效地控制。

第七章 工程风险分析实例

本章针对土木工程中常见风险问题,通过两个具体工程风险分析的案例,说明前述各章节所述内容在实际工程风险分析中的运用。

第一节 工业与民用建筑工程中建筑施工风险案例

建筑工程施工风险存在于整个工程施工的全过程中,每一个分项工程(如土方工程、基础工程、钢筋混凝土工程、砌体工程、安装工程等)内部均有其各自的风险特点,且风险含量不尽相同。一般土方工程是建筑工程施工过程中风险因素最复杂的,事故发生率高,进行风险分析十分必要。下面结合一个具体的土方工程实例,介绍风险分析的一般过程。

例 7-1 某大型建筑工程项目地处闹市区,主体地上 22 层,地下 3 层,建筑面积 47800m^2。场地土为深覆盖软土,地下水位高,非地震区。基坑设计开挖长×宽为 (92~87)m×(53~57)m,开挖深约 11.5m。开挖过程中欲采用围护桩内支撑结构,围护桩采用 ϕ800mm 和 @1000mm 钻孔灌注桩,桩长 20.5~21.5m,桩身配筋为 12ϕ20mm,混凝土强度等级 C25。桩顶设置封闭圈梁,桩间采用压密注浆作为隔水层。在标高 -2.6m 处设一道预应钢管内支撑,中间采用 6 道纵向水平支撑,四角采用水平大斜角支撑。基坑施工期为秋季少雨季节。试对这一工程进行风险分析。

第一,进行风险识别。

1. 项目外风险因素

(1) 自然风险——地震、暴雨、地质灾害(滑坡、流砂等)等;

(2) 经济风险——通货膨胀、房产经济体系动荡、银行信贷紧缩等;

(3) 政治风险——基建法规调整、环保法规变动、用工法律法规调整等;

(4) 社会风险——施工因扰民引起的纠纷、基坑施工造成周围建筑不均匀沉降等。

2. 项目内风险因素

(1) 技术风险——基坑支护设计方案合理性、分析模型合理性、设计内容完备性、土方施工工艺和工艺流程选择、施工安全措施、施工监测工作、进场材料质量、机械设备性能等；

（2）施工组织管理风险——项目管理能力、施工组织设计方案、劳动力水平、机械设备维修配套能力、与周围居民协调能力等；

（3）商务风险——施工合同条款的严密性、资金供应链的连续性、责任义务是否明确等。

由以上风险因素可以列出风险清单。

第二，根据以往的类似工程的施工经验及资料，绘制各类风险因素的效用曲线，并确定各类风险事件发生的概率，根据效用曲线确定初步确定哪些类风险因素是可以忽略的。由经验资料并结合本工程实际情况，最终确定自然风险中地震灾害、政治风险和经济风险三大类风险均可以忽略，其他风险类型中的进场材料质量、劳动力水平等几项因素也可以忽略。

第三，由风险评价方法进行风险评价。请岩土工程、地下结构工程以及施工项目管理等各方面具有丰富实践经验的专家对上述各风险要素对项目的危险程度打分，并采用相应的风险估计方法进行风险估计，主观评分法的打分结果见表7-1。

表 7-1 主观评分法结果

风险类型	风险要素	分值	相对权重 W_i
自然灾害	地质灾害	8	5.23%
社会风险	扰民纠纷	4	2.61%
	周围建筑不均匀沉降	5	3.27%
技术风险	支护设计方案的合理性	9	5.88%
	设计内容的完备性	4	2.61%
	施工工艺的合理性	5	3.27%
	施工工艺流程的合理性	5	3.27%
	施工安全措施是否完善	4	2.61%
	施工配套监测工作	9	5.88%
	机械设备性能	6	3.92%
施工组织管理风险	项目管理能力	6	3.92%
	施工组织设计方案	5	3.27%
	机械设备维修配套能力	4	2.61%
	与周围居民协调能力	4	2.61%
商务风险	合同纠纷	4	2.61%
	资金链供应	7	4.58%
	各方责任义务不明确	5	3.27%

项目总的最大可能风险权重和为 $9 \times 17 = 153$，计算各风险要素的相对权重

值,如表 7-1 第 4 列所示。项目总的风险水平为 $\sum W_i = 61.42\%$。若假设该项目的整体风险可接受水平为 65%,则说明该项目是可以接受的;假设项目的单项风险可接受水平为 5%,在上述各单项风险中,有三项超出了这一可接受水平,说明必须对这三项进行进一步的改善,直至其风险水平低于 5%时,该项目总体方案才是可行的。

若该工程已经经过局部调整,所有风险水平均在可接受水平范围内,针对该基坑工程中风险水平较大的风险,建立项目决策者应采用相应的风险对策。

上述风险分析案例的工程项目只涉及到单一施工方案,风险分析更多地应用于对某工程的多种实施方案中优选分析。

第二节 某越江隧道工程风险分析实例

某越江隧道工程建设方案的规模和工程的投资估算分别列于表 7-2 和表 7-3 中。

表 7-2　　　　　　　　工程建方案的规模　　　　　　　(单位:km)

方案＼范围	S点接线	A港越江工程	M点接线	B港越江工程	E点接线	总长度
规划线位为A隧B桥	0	8.945	2.336	10.270	3.946	25.497
规划线位为全隧方案	0	8.945	2.375	9.865	4.324	25.509
规划线位为全桥方案	0.080	10.220	0.810	10.270	3.949	25.329
比较线位为全桥方案	1.000	7.902	1.554	9.665	4.865	24.986

表 7-3　　　　　　　　工程项目投资　　　　　　　(单位:亿元)

方案		A港越江段	B港越江段	建安费	总投资
规划线	A隧B桥	4.60	3.97	8.57	17.14
	全隧	4.81	5.35	10.16	20.32
	全桥	7.57	3.70	11.27	22.54
比较线全桥		4.31	3.22	7.53	15.06

对不同建筑方案进行风险分析,并给出综合风险评估结论。

一、风险分析的基本内容

本工程风险分析涉及越江工程全过程,因此风险分析分为建设期和运营期两个阶段,分别对建设期和运营期的不同方案进行分析。此工程的社会风险、政治风险均较小,结合工程特点,可以总结风险分析的基本内容如下。

1. 建设期的桥梁方案

(1) 工程地质勘察的准确度和可信度分析;

(2) 气候、天气条件对桥梁施工的影响;

(3) 建桥施工期工程风险:特大跨度桥梁工程施工中的风险包括上部结构、基础等各分项工程的风险以及施工过程中的意外事故。

2. 建设期的隧道方案

(1) 工程地质勘察的准确度和可信度分析;

(2) 盾构隧道施工风险:盾构机设计的适应性和可靠性风险,在高水压情况下,长距离、超大直径盾构穿越不同土层连续顶推的施工风险。

建设期的主要风险分析内容总结如表 7-4 所示。

表 7-4　　　　　　　建设期风险分析主要内容

方案	风险分析内容
桥梁方案	工程地质勘察的准确度和可靠度分析(包括风险源分析、风险分析综合评价、风险对策)
	上部结构风险分析
	基础工程风险分析
	降低风险的措施
隧道方案	工程地质勘察的准确度和可靠度分析(包括风险源分析、风险分析综合评价、风险对策)
	盾构机设计的适应性和可靠性风险分析
	盾构隧道施工风险分析
	降低风险的措施

3. 运营期的桥梁方案:

(1) 自然条件对桥梁工程的影响;

(2) 通航船只相撞及通航船只撞击大桥的风险;

(3) 营运管理的维护风险;

(4) 自然气候对大桥通行的影响;

(5) 交通事故对桥梁运营的影响;

(6) 桥梁的耐久度分析。

4. 运营期的隧道方案:

(1) 交通事故引起的火灾、爆炸;

(2) 隧道结构稳定性;

(3) 高水压下隧道可靠性、耐久性分析；

(4) 地震对隧道的影响；

(5) 长距离隧道通风问题的分析。

运营期的主要风险分析内容总结如表 7-5 所示。

表 7-5　　　　　　　　运营期风险分析主要内容

方案	风险分析内容
桥梁方案	桥梁抗地震的风险分析
	船只相撞及船只撞桥的风险分析
	桥梁结构受海水侵蚀损坏的风险分析
	桥梁结构受酸雨侵蚀损坏的风险分析
	超载对桥梁结构的损坏及破坏的风险分析
	桥梁抗风振的风险分析
	恶劣天气对桥梁通行影响的风险分析
	交通事故对桥梁正常运营影响的风险分析
	桥梁结构耐久性的风险分析
	降低风险的措施
隧道方案	地震对隧道工程影响的风险分析
	隧道火灾的风险分析
	隧道结构纵横向稳定性的风险分析
	高水压下隧道防水可靠性的风险分析
	长距离隧道通风的风险分析
	盾构隧道结构耐久性的风险分析
	降低风险的措施

二、风险分析的步骤和方法

依据前述的风险分析内容，运用地质学、地震学、结构工程学、结构动力学、岩土工程学、经济学、交通规划运营理论、风险估计及评价方法等多种理论和方法，识别风险因素，并对风险因素进行估计和评价。

三、风险分析综合评价结论

(一)风险评估矩阵,见表 7-6。

表 7-6　　　　　　　　　　风险评估矩阵

风险可能 (概率)	风险水平			
	Ⅰ(可忽略)	Ⅱ(较轻)	Ⅲ(严重)	Ⅳ(灾难性)
A(不可能)	1A	2A	3A	4A
B(难得的)	1B	2B	3B	4B
C(偶尔的)	1C	2C	3C	4C
D(很可能)	1D	2D	3D	4D
E(频繁)	1E	2E	3E	4E

(二)决策准则,见表 7-7。

表 7-7　　　　　　　　　　决策准则

灾害风险指标	风险决策准则
1A、1B、1C	可接受且不必进行管理审视
1D、1E、2A、2B、3A、4A	可接受,但应进行管理审视
2C、2D、3B、3C、4B	不希望发生,由高层管理决策是否接受
2E、3D、3E、4C、4D、4E	不可接受,应停止运营或立即整顿

(三)风险分析综合评价,见表 7-8。

表 7-8　　　　　　　　　　风险分析综合评价

序号	风险因素	规划线				比较线
		A 隧	B 桥	全隧	全桥	全桥
1	工程地质					
(1)	地质勘察准确度	2C	2B	1D	4A	3B
(2)	场地岸坡稳定性	1B	2B	1B	2B	2B
(3)	引桥、道路高填路堤稳定性	2B	2D	2B	2D	2D
(4)	流砂	2B	1A	2B	2B	1A

续表

序号	风险因素	规划线				比较线
		A隧	B桥	全隧	全桥	全桥
(5)	高承压水	2B	1A	2B	2B	1A
(6)	沼气	3B	1B	3B	4B	4B
	沼气(采取措施后)	1B	1A	1B	2B	2B
(7)	循环荷载引起黏土变形	2D	1A	2D	1A	1A
(8)	沉石带	1A	1A	1A	1A	4B
(9)	地基液化	2B	2D	2B	D	2D
(10)	河口地面沉降	3C	1A	3C	1A	1A
2	桥梁施工		2C		2C	3B
3	隧道施工					
(1)	盾构机设计的适应性和可靠性	中度风险		中度风险		
(2)	盾构隧道施工期	中度风险		中度风险		
4	桥梁方案运营期					
(1)	地震		2C		3C	3C
(2)	船撞		2C		2A	2C
(3)	海水侵蚀		中度风险		中度风险	中度风险
(4)	酸雨侵蚀		轻度风险		轻度风险	轻度风险
(5)	抗风				4B	4A
(6)	交通事故	2D	2D	3B	3B	3B
(7)	桥梁结构耐久度		2B		2B	2B
5	隧道方案运营期					
(1)	火灾	2B		2B		
(2)	隧道结构稳定性	2B		2B		
(3)	防水可靠性	2B		2B		
(4)	长距离通风	2C		2C		
(5)	抗震	2B		2B		
(6)	隧道结构耐久性	2B		2B		

附录一 中英文术语对照

(按汉语拼音字母排序)

A

安装工程一切险 erection all risks

B

保险 insurance
保险费 premium
保险期 insurance period
保险人 assurer
保险标的 object matter of insurance
保险责任 insured liability
保证保险 guarantee insurance
被保险人 assured
变更申请 change requests
不可接受风险 unacceptable risk
不平等条款 unequal term

C

层次分析法(AHP) Analytical Hierarchy Process
场地条件 site condition
财产风险 property risk
残留风险 residual risk
纯粹风险 pure risk
承包人 contractor
承险体 elements at risk
除外责任 exclusions

D

第三方 third party

第三方责任 third party liability

F

风险 risk

风险处置 risk treatment

风险分析 risk analysis

风险估计 risk estimation

风险管理 risk management

风险缓解 risk mitigation

风险规避 risk avoidance

风险接受 risk acceptance

风险接受准则 risk acceptance criteria

风险记录 risk register

风险控制 risk control

风险利用 risk speculation

风险量 risk quantification

风险率 risk probability

风险评估 risk assessment

风险评价 risk evaluation

风险识别 risk identification

风险应对计划 risk response planning

风险自留 risk retention

风险转移 risk transference

非技术风险 non-technology risk

G

工程决策 project decision

工程项目法人 project legal person

工程项目风险 project risk

工程项目融资 project financing

工程项目业主 project owner

工程网络技术 project network techniques
工程主体 project operator
关键线路法 critical path method

J
技术风险 technology risk
建筑工程一切险 contractor's all risks
经济风险 economic risk
纠正措施 corrective action

K
可保风险 insurable risk
可保利益 insurable interest
可接受风险 acceptable risk

M
免赔额 deductibles

N
拟完工程计划费用 budgeted cost of work scheduled

P
赔偿限额 limits of indemnity

Q
气象条件 climate condition
强制保险 enforced insurance
权变措施 workaround

R
人身保险 personal insurance
人身风险 life risk
人为风险 personal risk

S
事故 hazard
损失 loss

T
通货膨胀 currency inflation
投机风险 speculative risk
投资环境 investment environment
投资回报期 investment recovery period
突发事件 contingency

Y
已完工程计划费用 budgeted cost of work performed
已完成工程实际费用 actual cost of work performed
应急管理 emergency management
原材料价格 cost of raw materials
孕险环境 risk surroundings

Z
责任风险 liability risk
职业责任保险 professional liability insurance
政治风险 political risk
中介人 intermediary
自然风险 natural risk
自愿保险 voluntary insurance
致险因子 risk factors
最大损失 maximum possible loss

附录二 英中文术语对照

（按英文字母排序）

A
acceptable risk 可接受风险
actual cost of work performed 已完成工程实际费用
analytical hierarchy process 层次分析法
assurer 保险人
assured 被保险人

B
budgeted cost of work performed 已完工程计划费用
budgeted cost of work scheduled 拟完工程计划费用

C
change requests 变更申请
climate condition 气象条件
contingency 突发事件
contractor 承包人
contractor's all risks 建筑工程一切险
corrective action 纠正措施
cost of raw materials 原材料价格
critical path method 关键线路法
currency inflation 通货膨胀

D
deductibles 免赔额

E

economic risk 经济风险

elements at risk 承险体

emergency management 应急管理

enforced insurance 强制保险

erection all risks 安装工程一切险

exclusions 除外责任

G

guarantee insurance 保证保险

H

hazard 事故

I

insurable interest 可保利益

insurable risk 可保风险

insurance 保险

insurance period 保险期

insured liability 保险责任

intermediary 中介人

investment environment 投资环境

investment recovery period 投资回报期

L

liability risk 责任风险

life risk 人身风险

limits of indemnity 赔偿限额

loss 损失

M

maximum possible loss 最大损失

N
natural risk 自然风险
non-technology risk 非技术风险

O
object matter of insurance 保险标的

P
personal insurance 人身保险
personal risk 人为风险
premium 保险费
political risk 政治风险
professional liability insurance 职业责任保险
project decision 工程决策
project financing 工程项目融资
project legal person 工程项目法人
project network techniques 工程网络技术
project operator 工程主体
project owner 工程项目业主
project risk 工程项目风险
property risk 财产风险
pure risk 纯粹风险

R
residual risk 残留风险
risk 风险
risk acceptance 风险接受
risk acceptance criteria 风险接受准则
risk analysis 风险分析
risk assessment 风险评估
risk avoidance 风险规避
risk control 风险控制
risk estimation 风险估计

risk evaluation　风险评价
risk factors　致险因子
risk identification　风险识别
risk management　风险管理
risk mitigation　风险缓解
risk probability　风险率
risk quantification　风险量
risk register　风险记录
risk response planning　风险应对计划
risk retention　风险自留
risk speculation　风险利用
risk surroundings　孕险环境
risk transference　风险转移
risk treatment　风险处置

S
site condition　场地条件
speculative risk　投机风险

T
technology risk　技术风险
third party　第三方
third party liability　第三方责任

U
unacceptable risk　不可接受风险
unequal term　不平等条款

V
voluntary insurance　自愿保险

W
workaround　权变措施

参考文献

[1] 王卓甫.工程项目风险管理——理论、方法与应用[M].北京:中国水利水电出版社,2003.

[2] 沈建明.项目风险管理[M].北京:机械工业出版社,2004.

[3] Scott E. Harrington, Gregory R. Niehaus.风险管理与保险[M].陈秉正,王珺,周伏平,译.北京:清华大学出版社,2005.

[4] 周健,王亚飞,池永,等.现代城市建设工程风险与保险[M].北京:人民交通出版社,2005.

[5] 龙卫洋,龙玉国.工程保险理论与实务[M].上海:复旦大学出版社,2005.

[6] 邓铁军.工程风险管理[M].北京:人民交通出版社,2004.

[7] 查普曼,沃德.项目风险管理过程、技术和洞察力[M].李兆玉,译.北京:电子工业出版社,2003.

[8] 弗兰根,诺曼.工程建设风险管理[M].李世蓉,徐汲,译.北京:中国建筑工业出版社,2000.

[9] 乔林,刘祖华,葛振明.建筑工程施工风险与保险[M].上海:上海科学技术文献出版社,1998.

[10] 陈伟珂,黄艳敏.工程风险与工程保险[M].天津:天津大学出版社,2005.

[11] 中华人民共和国建设部.地铁及地下工程建设风险管理指南[M].北京:中国建筑工业出版社,2007.

[12] 陶履彬.崇明越江通道工程风险分析研究报告[R].同济大学,2003.